Nicola Vollkommer

Alltagstauglich

Gedanken zum Leben

Nicola Vollkommer

Alltagstauglich – Gedanken zum Leben

Nicola Vollkommer
Alltagstauglich
Gedanken zum Leben

Best.-Nr. 271946
ISBN 978-3-86353-946-7
Christliche Verlagsgesellschaft Dillenburg

1. Auflage

www.cv-dillenburg.de

Satz und Umschlaggestaltung:
Christliche Verlagsgesellschaft Dillenburg

Druck: GGP Media GmbH, Pößneck
Printed in Germany

Wenn Sie Rechtschreib- oder Zeichensetzungsfehler
entdeckt haben, können Sie uns gern kontaktieren:
info@cv-dillenburg.de

Inhalt

Vorwort

Es muss im Jahr 2012 gewesen sein, als ich das Buch *Unter dem Flammenbaum* von Nicola Vollkommer in die Hände bekam. Gerade erst hatte ich die Aufgabe der Redaktionsleitung von *ethos* übernommen und war immer auf der Suche nach guter Lektüre, nach Autoren, die nicht nur schreiben können, sondern auch etwas zu sagen haben.

Nicolas Biografie verschlang ich in einem Zug, und das nicht nur deshalb, weil sie voller spannender Erlebnisse ist. Die Einblicke in das Herz der Autorin lösten pure Freude in mir aus: ein konsequentes, herrlich ehrliches Christsein, fröhlich, befreit von frömmlerischer Selbstgerechtigkeit, mit einer tiefen Liebe zu Gottes Wort. Nicht abgehoben. Ganz so, wie auch ich den Alltag in meinem Elternhaus erlebt habe: ein Christsein, das sich nicht auf den Sonntag beschränkte, sondern unser Familienleben durchzog.

Ich entdeckte einige Parallelen. Auch bei uns gingen viele Gäste ein und aus, faszinierende und schwierige. Wir beherbergten Missionare auf

Heimaturlaub, denen wir Kinder gebannt an den Lippen hingen, wenn sie vom abenteuerlichen Alltag erzählten. Wir beide hatten Eltern, die sich vom Herrn bewegen ließen – nicht auf Sicherheit bedacht, sondern von dem Auftrag beseelt, den Menschen den Herrn Jesus lieb zu machen. Ein Zuhause, in dem man sich geborgen und geliebt fühlte.

Obwohl ich Nicola noch nicht kannte, fühlte es sich an, als sei sie eine langjährige Freundin. Ich wollte sie unbedingt kennenlernen.

So kam es, dass wir uns trafen. Nicola zeigte sich motiviert, für *ethos* zu schreiben, weil sie unser Anliegen als Verlag teilte: Gottes wunderbare Werke zu verkündigen – ihm zur Ehre und den Menschen zum Heil. Das war für mich eine enorme Ermutigung, gerade am Anfang meiner neuen Aufgabe mit *ethos*, der ich mich überhaupt nicht gewachsen fühlte.

An Nicolas Texten fällt auf, dass sie zuallererst auf sich anwendet, was sie anderen „predigt". Dieses „Sich-unter-das-Wort-Stellen", die gelebte Demut, zeichnet Nicola aus. Die Freude am Herrn ist ihre Stärke und macht sie und ihre Texte so anziehend. Sie weckt den Hunger, sich diesem wunderbaren Herrn und Heiland völlig auszuliefern.

Über die Jahre druckten wir Monat für Monat zahlreiche Texte der Autorin unter der Rubrik

„alltagstauglich“ ab. Heute freue ich mich riesig, dass diese Schätze nicht in unserem Archiv und in den Heften in Vergessenheit geraten, sondern gesammelt in diesem Buch erscheinen. Ich hoffe, dass das Buch weite Verbreitung erfährt und vielen zum Segen wird!

Sie, liebe Leserin, lieber Leser, werden schnell merken, dass der Gewinn dieses Buches darin liegt, dass Sie sich und Ihr Alltagserleben wiederfinden und manch Mut machenden Gedanken für Ihr Leben mit Gott mitnehmen dürfen.

Abschließend möchte ich Nicola mit einem Auszug aus einem Interview selbst zu Wort kommen lassen:

„Je mehr ich in der Bibel lese, umso größer wird meine Leidenschaft für Jesus und seine Liebe für mich am Kreuz. Ich brauche ihn, egal, wie brav mein Leben aussieht. Ich glaube, du kannst nicht leidenschaftlich sein für Gott, ohne deine Erlösungsbedürftigkeit zu sehen. Als junge Mutter hatte ich einen kompletten Zusammenbruch. Auf einmal lebte das Wort Gottes auf, wurde in meinem Alltag lebendig. Jeder muss hören: Wer zugibt, dass er ohne Jesus auf verlorenem Posten kämpft und seine Hilfe braucht, ist kein Versager.

Ich bin traurig darüber, wie sehr das Wort Gottes, die Bibel, in ihrer Wirkung unterschätzt wird – Power, Macht, heilende, wiederherstellende Kraft. Es gibt so viele enttäuschte Christen …“

Liebe Nicola, ich danke dir von Herzen für deine Freundschaft. Du bist mir ein wunderbares Vorbild in der Nachfolge Jesu. In seiner Liebe sind wir verbunden.

Er segne und behüte dich und setze dich weiter zum Segen für andere.

Daniela Wagner, Redaktionsleitung *ethos* (www.ethos.ch)

ALL
TAGS
TAUGLICH

1

„Ich will dem Dürstenden aus der Quelle des Wassers des Lebens geben umsonst.“

(Offenbarung 21,6b)

”Es entstand das, was immer entsteht, wenn Menschen ein leeres Herz mit der falschen Nahrung zu sättigen versuchen: Enttäuschung, Beziehungschaos, Einsamkeit.“

Das Ende der Trockenzeit in Afrika war eine mühsame Zeit. Die Landschaft war ausgedörrt. Auch der letzte Tropfen Feuchtigkeit war aus dem Boden gesaugt und von dem beißenden Staub verschlungen worden, der von der Wüste herbeigeweht wurde und Himmel und Erde in einen Schleier von fadem Gelb hüllte. Die Brunnen gaben nur eine bräunliche Brühe her. Nach einem Bad war man dreckiger als davor. Das Trinkwasser schmeckte alt, staubig. Man ging schwitzend durch den Tag, mit einem Kratzen im Hals. Alles schrie nach Regen. Trockene Lippen, entzündete Augen, ein Lechzen nach Erleichterung, nach Kühle, nach der Farbe Grün. Das war die Trockenzeit.

Endlich kam ein leises Grollen aus der Ferne; Wolken rückten an, ein unheimliches Schweigen, die Ruhe vor dem Sturm. Wir hockten auf der Veranda, hatten Badeanzüge angezogen, horchten gespannt nach dem Platschen der ersten Tropfen. Endlich der Wolkenbruch! Der Himmel schüttete in einem großen Guss alles aus, was er angestaut hatte. Wir sprangen hinaus, jubelnd vor Freude, hielten unsere Gesichter zum Himmel, öffneten unsere Münder, ließen unsere Zungen von jedem erfrischenden Tropfen Regenwasser benetzen. Schon am nächsten Morgen hatte sich unsere müde gelbbraune Welt in schillernde Varianten von Grün verwandelt.

So ein Gefühl müssen wir uns vorstellen, wenn die Bibel von Wasser spricht: ein Durst, der wehtut. Ausgetrocknete Seelen, die sich gierig auf alles stürzen, was nach Wasser aussieht: auf die Beziehung, die Geborgenheit verspricht. Auf die Karriere, die Wohlstand in Aussicht stellt. Die Tabletten, die Therapie, die Kur, die Gruppe, die Sportart, das Hobby, die neue Frisur, die Anschaffungen oder Reisen, die endlich glücklich machen. Die Gemeinde, in der ich endlich Anerkennung finde, den vollmächtigen Prediger, der meine Meinung teilt oder mich von meinen Lasten befreit und den geistlichen Sieg anbietet.

Eine Frau aus Samaria hatte versucht, den Durst ihrer Seele durch Männerbeziehungen zu stillen. Ihr Kindheitstraum war es sicher nicht gewesen, von einer sexuellen Affäre in die nächste zu stolpern, dermaßen sozial isoliert, dass sie sich nur zur Mittagszeit – in der alle anderen Siesta machten – traute, Wasser zu holen. Es entstand das, was immer entsteht, wenn Menschen ein leeres Herz mit der falschen Nahrung zu sättigen versuchen: Enttäuschung, Beziehungschaos, Einsamkeit.

Diese Frau muss tief gefallen sein. Ihrem Austausch mit Jesus können wir entnehmen, dass sie hochintelligent ist, gebildet, theologisch versiert und geistlich aufmerksam. Jesus macht ihr keine Vorwürfe. Er lässt sich vielmehr auf die Themen ein, die im Raum stehen: lebendiges Wasser, Durst, Anbetung. *„Wenn du wüsstest, wer es ist, der zu dir spricht ... so hättest du ihn gebeten, und er hätte dir lebendiges Wasser gegeben"* (Joh 4,10).

Er lenkt ihren Blick weg vom faden, dreckigen Wasser, das ihre Seele krank macht, auf das sprudelnde, frische Wasser, das er zu bieten hat. Die Reaktion der Frau ist verblüffend. Sie rennt zurück ins Dorf, in dem keiner gut auf sie zu sprechen ist, und holt ihre Nachbarn aus ihren Häusern: *„Kommt und seht einen Menschen, der mir alles gesagt hat, was ich getan habe!"* (V. 29). Dass er ihr sündhaftes Leben schonungslos aufgedeckt hat, empfindet sie nicht als Bloßstellung, sondern als Befreiung.

Mein Schöpfer, der mich kennt wie kein anderer – der meine Niedertracht, mein Versagen, meine Sünde vor Augen hat –, macht mir trotzdem eine Liebeserklärung, geht mir eifrig nach, reicht mir eine vergebende Hand dar, wirbt um mich, weil er nicht ohne mich sein will. Das ist die Liebe, nach der sich jede menschliche Seele sehnt. Das ist das Wasser, das alles gesund macht, was es berührt (Hes 47), und Herzen verwandelt – umsonst für jeden zu haben, der dürstet!

2

Der Heilige Geist – Tröster oder Polizist?

» Ein Mensch, der wirklich vom Heiligen Geist erfüllt ist, ist von einer tiefen Demut gekennzeichnet. «

Ich liebe Menschen, die eine Sehnsucht nach Gott haben. Die mehr von seinem Wirken erleben, mehr von seiner Gegenwart in ihrem Leben spüren wollen, sich vom Heiligen Geist gebrauchen lassen, um Menschen für Jesus zu gewinnen. Ich hoffe, dass ich auch zu dieser Gruppe gehöre.

Im Studium traf ich auf eine andere Sorte Menschen, die „mehr wollten" und die wir Studenten „Heilig-Geist-(HG)-Polizisten" nannten. Einer von ihnen schlenderte mit seinem Notizblock von einem Gottesdienst zum nächsten und beurteilte, wie viel Heiliger Geist „zu spüren" war. Für uns Studenten war er eine Witzfigur, ein übergeschnappter Charismatiker. Wenige Jahre später war er in keiner christlichen Versammlung mehr zu finden, rühmte sich der satten Umsätze, die er in seinem Geschäft erzielte, besaß zwei teure Autos und erzählte stolz, der Heilige Geist „habe ihm gezeigt", dass das Geben des Zehnten nicht biblisch sei.

Auch danach suchten uns wieder HG-Polizisten heim. Kaum hatte eine Gruppe junger Menschen angefangen, sich in unserem Wohnzimmer zu versammeln, um die Bibel zu studieren und sich gegenseitig in der Nachfolge Jesu zu ermutigen, standen sie vor der Tür, die HG-Polizisten.

Sie hatten „vom Herrn den Eindruck“, dass hier nicht genug Kraft, nicht genug Gegenwart Gottes, nicht genug Salbung sei. Sie „hörten vom Herrn“, dass sie, mit ihrem besonderen Draht zum Heiligen Geist, bei der neuen Gemeindegründung das Sagen haben sollten. Mutige Geschwister, die sie auf ihre stolze Anmaßung hinwiesen, bekamen die volle Wucht ihres Ärgers zu spüren. Die Störenfriede verließen die Gemeinde wutentbrannt.

In 31 Jahren Gemeindearbeit gab es kaum eine Zeit, in der nicht Heilig-Geist-Polizisten an der Tür klopften. Ihre Merkmale? Sie suggerieren, dass es unter ihrer Regie eine kraftvollere Frömmigkeit gibt als das, was in der lokalen Gemeinde gelebt wird. Sünde und Buße spielen keine Rolle. Das Kreuz Jesu wird lediglich als Kraft- und Siegesquelle angepriesen, nicht als Einladung zu einem Leben der Selbstverleugnung und der Heiligung. Die Bibel warnt eindringlich vor ihnen (Mt 7,15 u. a.). Sie schießen aus dem Hinterhalt, beurteilen andere, lassen sich aber nicht selbst beurteilen. Ein HG-Polizist, der unsere Gemeinde monatelang plagte, vergnügte sich, wie sich herausstellte, während der Woche in Swinger-Clubs und mit Pornografie, während er sonntags die Gemeindeleitung drangsalierte, dass die Gemeinde nicht feurig und eifrig genug sei.

Wie unterscheidet man zwischen den wahren Heilig-Geist-Erfüllten und den Heilig-Geist-Polizisten? Die Bibel ist eindeutig: Ein Mensch, der wirklich vom Heiligen Geist erfüllt ist, ist von einer tiefen Demut gekennzeichnet und einem Verlangen danach, den Heiligen zu dienen und die Gemeinde Jesu zu bauen. Er lebt christus- und bibelzentriert, er rühmt sich des Kreuzes Jesu. Die Spielregeln, nach denen er lebt, sind in Galater 5,22-23 aufgelistet: Liebe, Freude, Friede, Langmut, Freundlichkeit, Güte, Treue, Sanftmut, Enthaltsamkeit. Menschen, die einen Mangel an Heiligem Geist beklagen, sind oft selbst der Grund, warum der Heilige Geist nicht wirken kann. Denn *„Gott widersteht den Stolzen und gibt den Demütigen Gnade"* (Jak 4,6), und *„an ihrer Frucht werdet ihr sie erkennen"* (Mt 7,16).

Wer den Heiligen Geist wirklich sucht, sucht bei Menschen, die sich wie Jesus eine Schürze umbinden, um anderen die Füße zu waschen; die sich bei den Armen, Kranken und Sterbenden aufhalten; die sich als Erste tröstend und helfend melden, wenn es Not gibt. Er sucht dort, wo verkündigt, gelacht, ermutigt, gesungen und freudig gedient wird, wo das Wort Gottes nicht als Keule gegen die Geschwister missbraucht, sondern für das eigene Leben zu Herzen genommen wird.

3

Demut – die vergessene Tür zum Segen

»Demut bringt einen Segen, der nicht auf die Reize dieser Welt angewiesen ist.«

Wenn jemand mir erzählt, dass er den Schlüssel zu harmonischen Beziehungen, Erfolg und Glück gefunden hat, dann merke ich auf. Wer will das alles nicht? Die Bibel spricht von einer Charaktereigenschaft, die diese Dinge tatsächlich in Aussicht stellt, eine feste Garantie für die Gunst Gottes und die Gunst unserer Mitmenschen. Wenn du diese Eigenschaft besitzt, freut sich deine Familie, wenn du an der Tür erscheinst; deine Kollegen sind erleichtert, wenn du bei Projekten dabei bist; Gott selbst findet an dir Gefallen. Wir schätzen diese Eigenschaft in anderen, haben aber unsere liebe Mühe damit, sie im eigenen Leben zu pflegen. Dafür, dass sie so viel verspricht, bekommt sie in der christlichen Szene erstaunlich wenig Aufmerksamkeit. Kongresse, Seminare, Artikel dazu sucht man vergeblich.

Ich rede von Demut.

Die Bibel wimmelt von Leckerbissen dazu. Paulus ermahnt die Gläubigen in Philippi: „... *in der Demut achte einer den anderen höher als sich selbst*" (Phil 2,3). In seinem Brief an die Kolosser beschreibt er die Merkmale eines demütigen Herzens: „*herzliches Erbarmen, Güte ... Milde, Langmut.*"

Jakobus warnt seine Leser: „*Gott widersteht den Hochmütigen, den Demütigen aber gibt er*

Gnade“ (Jak 4,6). Petrus greift den Gedanken in seinem Brief wieder auf (1Petr 5,6).

Von Jesus selbst kommt die Beobachtung: „*Jeder, der sich selbst erhöht, wird erniedrigt werden, und wer sich selbst erniedrigt, wird erhöht werden*“ (Lk 14,11; Mt 23,12).

Der Schreiber der Sprüche bietet Anreize für ein demütiges Herz an: „*Die Folge der Demut und der Furcht des Herrn ist Reichtum und Ehre und Leben*“ (Spr 22,4).

Schon im Alten Testament spricht der Prophet Jesaja die Nähe Gottes dem zu, der „*zerschlagenen und gebeugten Geistes ist*“ (Jes 57,15).

Falls die zahllosen Bibelstellen dazu nicht überzeugen, bietet jede biblische Biografie Anschauungsmaterial, das die Dringlichkeit dieser Aufforderungen untermauert. Josef wird erst brauchbar, nachdem Gott und seine Mitmenschen ihm wichtiger geworden sind als die Erfüllung seiner eigenen Träume. David wird erst König, nachdem er sich wiederholt geweigert hat, die Herrschaft auf eigene Faust an sich zu reißen.

Genau das ist die Ironie der Sache: Der Weg, Segen zu bekommen, setzt die Bereitschaft voraus, auf Segen zu verzichten. Gott um seinetwillen zu suchen und nicht um seiner Gaben willen. Ergriffen vom Hersteller zu sein anstatt von dem Produkt. Segen gibt es nur über den Weg des Kreuzes. Gib, und es wird dir gegeben. Stirb, und du wirst leben. Verliere dich, und du wirst dich finden. Geh nach unten, und du kommst nach oben.

Keinen einzigen Vers finden wir in der Bibel über Selbstbewusstsein, Selbstfindung, die Durchsetzung eigener Lebensziele, die Entdeckung eigener Talente und Berufungen, die gezielte Pflege des eigenen Glücks und die Optimierung der eigenen geistlichen Ambitionen und Erlebnisse. Auch Frömmigkeit kann eine ichzentrierte Angelegenheit sein, die zum gleichen Ziel führt wie alle ich-zentrierten Angelegenheiten: Verbitterung, Frust und geistlichem Tod.

Demut befreit uns vom Elend des Egoismus. Sie bringt einen Segen, der auch durch Zeiten der Not hindurchträgt, auch jenseits des Grabes. Einen Segen, der nicht auf die Reize dieser Welt angewiesen ist. Christen, die auch nach vielen Jahren immer noch von ihrem Glauben schwärmen und das Reich Gottes bauen, haben die ewige Sucherei nach der eigenen geistlichen Selbstverwirklichung eingestellt. Mit Freude achten sie andere höher als sich selbst.

Das ist wahrer Segen. Das ist Demut.

4

Zu Gast bei Jesus

» Oder wisst ihr nicht, dass euer Leib ein Tempel des Heiligen Geistes ist, der in euch ist und den ihr von Gott habt, und dass ihr nicht euch selbst gehört?
1. Korinther 6,19 «

Die zweitletzte Kurve, bevor wir in die Straße abbogen, wo unsere Großeltern wohnten, war das Signal für die Predigt meiner Mutter zum Thema „Wie ihr Enkelkinder euch bei Oma verhalten sollt". Es war der übliche Regelkatalog: das Haus nicht gleich erstürmen, die Hand geben, nicht sofort fragen, was es zum Essen gibt oder wo die Süßigkeiten versteckt sind, sondern wie es Oma und Opa geht. Small-Talk-Themen für den Tag: Opas Herzflimmern, Omas Augen, die Rosensträucher im Garten, der Fischteich, ob sie in letzter Zeit von den Verwandten in Kanada gehört hätten. Kurze Diskussion darüber, wer von uns freiwillig und fröhlich fragen würde, ob er beim Tischdecken helfen könne, wer nachher ebenso freiwillig beim Abwasch helfen würde (ohne gestupst zu werden), die Erinnerung daran, für alles „bitte" und „danke" zu sagen, keine Streitereien, keine dreckigen Schuhe auf Omas Parkett, aufpassen mit Omas Porzellan, keine dummen Kommentare über Opas Zigaretten oder wenn er sich den Boxkampf im Fernseher ansehen wollte. Und das krönende Schlusswort: „Vergesst nicht: Ihr seid zu Gast im Haus eines anderen!"

Zu Gast im Haus eines anderen. Sich von seiner besten Seite zeigen, immerzu überlegen: „Darf ich das in diesem Haus? Wie ist hier die

Hausordnung? Was passt dem Gastgeber, was würde ihm nicht gefallen?" Ein ganz schön hoher Anspruch. Auch für diejenigen, die bei Jesus zu Gast waren. Denn überall, wo er auftrat, war Jesus der Gastgeber. Der, der nicht einmal einen Stein hatte, wo er sein Haupt hinlegen konnte (Lk 9,58), gab den Ton an – ob im Haus des Pharisäers Simon (Lk 7,36-50), bei seinen Freunden in Betanien (Lk 10,38-42) oder bei der Schwiegermutter des Petrus (Lk 4,38-40). Der Schöpfer der Welt hatte kein Zuhause; er war selbst das Zuhause. Jeder spürte instinktiv: Die Hausregeln dieses Mannes galt es zu beachten.

In dem Moment, in dem ich den Chefsessel meines Lebens räume und Jesus zu meinem Herrn und Meister erkläre, ist er nicht mehr ein Gelegenheitsgast, sondern mein Gastgeber. Mein Lebenshaus wird zu seinem Eigentum; meine Zeit, meine Talente, mein Geld, meine Gedanken, mein Körper gehören ihm. Ich bin lediglich Verwalterin, Haushälterin. Dieses Bewusstsein hat nach und nach tiefgreifende Auswirkungen auf mein Verhalten. Genauso wie ich in Omas Haus Rücksicht auf ihre Wünsche nehmen musste, will ich mich Jesus gegenüber verhalten. Die Bibel nennt diesen Prozess „Heiligung". Das bedeutet: die Anweisungen ausführen, die er als Gastgeber erteilt. Entscheidungen treffen, die ihm, meinem Hausherrn, entsprechen. So denken, wie er denkt. Die Inneneinrichtung so gestalten, wie es ihm gefällt. Das Haus sauber und instand halten. Dafür sorgen, dass er sich wohlfühlt.

Was bewegt einen Menschen dazu, etwas dermaßen Irrsinniges zu machen und die Kontrolle über sein Leben pauschal und freiwillig in die Hände eines anderen zu legen? Für mich ist es einfach: Es ist der Anblick zweier Balken auf einem Berg; es sind die Schreie eines Mannes, der dort einen langsamen und qualvollen Tod erleidet, der den ultimativen Preis bezahlt, um mich von dem grausamen Hausherrn freizukaufen, dem ich früher gedient habe.

Dem, der sein Leben für mich gab, zu dienen und bei ihm Gast zu sein – das ist wahre Freiheit. Mir selbst nicht mehr zu gehören, ein Tempel seines Heiligen Geistes zu sein – das ist Leben im Überfluss!

5

Der Stress, Menschen beeindrucken zu wollen

» Oft muss ich mit einem Schmunzeln an Aku denken, wenn ich versucht bin, bei jemandem Eindruck machen zu wollen. Es geht immer schief. «

Aku, der Graupapagei, war kein Kandidat für einen Schönheitswettbewerb: alt, zerrupft, mit grimmigen, kleinen Knopfaugen, knorpeligen Füßen und einer einzigen roten Feder an der Stelle, an der sonst ein strahlender roter Fächer von Federn den Hintern von Graupapageien schmückt. Sein langjähriger Besitzer war gestorben, und seine restlichen Vogeljahre sollte er in unserem Haus am Rande einer Kleinstadt in Nordnigeria verbringen.

Als er zu uns gebracht wurde, kauerte Aku in seinem Käfig, schweigsam und mürrisch. Heimweh nach dem verstorbenen Herrchen, Trauerarbeit, dachten wir. Der Schock kam, als er seinen Schnabel auftat. Ein Wortschwall wüster Beschimpfungen in einer der lokalen Stammessprachen. Flüche und obszöne Ausdrücke, die uns in eine Schockstarre versetzten. Lange Streitgespräche in verschiedenen Tonlagen. Kreischende Frauenstimmen wechselten sich mit grölenden Männerstimmen ab. Wenn ihm die Worte ausgingen, füllte er die Pausen mit widerlichen Spuckgeräuschen und rülpste und hustete. Der Krach seiner verbalen Ergüsse war noch in weiter Ferne zu hören.

Wir Kinder machten uns sofort an die Arbeit, den missratenen Vogel umzuerziehen. Wir lasen ihm aus der Bibel vor, wir sangen „Jesus loves me, this I know“ und „Gottes Liebe ist so wunderbar“

um die Wette – in Schichtarbeit. Vergeblich. Doch Aku – mit all seinen widerlichen Angewohnheiten – war nun mal Mitglied unserer Familie. Irgendwie hatten wir ihn ins Herz geschlossen.

Meine Eltern hatten damals ein Gästehaus nahe unserem Familienhaus, in dem erschöpfte Missionare Ferien machen durften. In diesen Zeiten galt eine ungeschriebene Regel: Wir sollten uns als rücksichtsvolle Musterkinder präsentieren. Das war anstrengend, vor allem wenn die Besuche mehrere Wochen dauerten. Nun waren alle Versuche, ausgebrannten Dienern Gottes mit einem christlichen Musterfamilien-Flair zu imponieren, zunichtegemacht. Gerade als fromme Prominenz da war, zog der Vogel alle Register. Wir wussten nicht wohin mit unserer Verlegenheit. Für uns Kinder bot Akus Ankunft aber gleichzeitig Erleichterung: Im Vergleich zu ihm waren wir kleine Engel.

Menschen zu beeindrucken ist ein mühseliges Unterfangen. Oft muss ich mit einem Schmunzeln an Aku denken, wenn ich versucht bin, bei jemandem Eindruck machen zu wollen. Es geht immer schief. Manch eine Mutter kann ein Lied davon singen, wie auch Kinder, nicht nur Papageien, ihre peinlichsten Shows abziehen, gerade wenn man einen guten Eindruck hinterlassen will. Oder angehende Lehrer, bei denen alles schiefläuft, gerade wenn die Prüfungskommission dasitzt. Oder Pastoren, deren wichtigste Mitarbeiter ausgerechnet alle dann fehlen, wenn wichtiger Besuch da ist.

Es gibt nur einen, den wir zu beeindrucken haben. *„Den HERRN der Heerscharen, den sollt ihr heiligen! Er sei eure Furcht, und er sei euer Schrecken!"*, schreibt der Prophet Jesaja (8,13). Und: *„Menschenfurcht stellt eine Falle; wer aber auf den HERRN vertraut, ist in Sicherheit"* (Spr 29,25).

Dieser Gott hat nie nach menschlicher Gunst gesucht, versuchte nie, von den „richtigen" Leuten beachtet zu werden. Im Gegenteil, immer befand er sich in der Gesellschaft, in der Menschen einen Messias am wenigsten sehen wollten: bei Kranken, Gestrandeten, Unerwünschten, Peinlichen. Er machte sich dadurch nicht beliebt. Er demütigte sich so sehr, dass er schließlich beinahe gesellschaftsunfähig war, überschritt alle Grenzen der Zumutbarkeit und ließ sich wie einen Schwerverbrecher grausam hinrichten.

Jesus fordert uns auf, unser Kreuz auf uns zu nehmen und ihm nachzufolgen. Nicht danach zu streben, bei Menschen gut anzukommen, sondern ihm zu gefallen und daraufhin den Menschen zu dienen, zu denen er uns sendet.

Erstaunlich, was man von einem Papagei lernen kann. Aku fehlt mir bis heute.

6
Gottes Lieblingszahl: eins

> Es ist der Zeitgeist dieser Welt, nicht der Heilige Geist, der das Evangelium auf ein Produkt herabwertet.

„Wie viele Mitglieder habt ihr?" – „Wie viele Helfer haben sich angemeldet?" – „Wie viele Besucher waren da?" Wer von uns kennt diese Fragen nicht? Früher hatte ich bei solchen Fragen immer das Gefühl, den Erwartungen nicht zu genügen. Und so beschloss ich eines Tages, die Schätzung von Besucherzahlen bei Versammlungen einzustellen. Wenn ich seitdem eine Frage höre, die mit „Wie viele ...?" beginnt, habe ich kein Problem damit, fröhlich zu erzählen: „Es waren ganze sieben aufmerksame Zuhörer", oder: „Klein, aber unvergesslich fein." Wenn ich bei einer Veranstaltung mit den Worten „Leider haben sich nur wenige angemeldet" begrüßt werde, gehe ich unbeschwert in den Saal hinein und trage meinen Teil dazu bei, dass die wenigen Besucher, die da sind, ihre Zeit und Mühe nicht bereuen.

Wer vorzeigbare Zahlen insgeheim als Qualitätsmerkmal betrachtet, macht seine Kopfrechnungen mit der Währung dieser Welt. Er verbreitet und erntet genau jenen Stress, von dem uns das Evangelium eigentlich befreit hat. Es ist der Zeitgeist dieser Welt, nicht der Heilige Geist, der uns einen Taschenrechner in die Hand drückt, das Reich Gottes auf eine GmbH und das Evangelium auf ein Produkt herabwertet, das es zu vermarkten gilt, und den Prediger auf einen

Bühnenakteur, der seine Kundschaft bei Laune halten muss.

Trotzdem werden Zahlen in der Bibel anerkennend erwähnt. Die Fünftausend bei der Vermehrung der Fische und Brote, die Menschenmengen, die Jesus überall auflauern, die Dreitausend, die sich nach Petrus' Predigt am Anfang der Apostelgeschichte bekehren – aber nicht als Qualitätssiegel eines erfolgreichen geistlichen Dienstes. Und es gibt auch die andere Seite. Manchmal kehrt Jesus großen Menschenmengen den Rücken zu, gerade wenn er eine Sensation auslösen und, modern ausgedrückt, mit Millionen von YouTube-Aufrufen eine globale Größe werden könnte (Mk 1,36-38). Sein Terminkalender ist nicht von der Anwerbung potenzieller Anhänger bestimmt. Im Gegenteil: Immer wieder drängt er Menschen, die von ihm berührt wurden, niemandem davon zu erzählen (Mk 5,43 und 9,9). Der Prediger Philippus meldet sich von erfolgreichen Missionseinsätzen in Samaria ab, um einem einzigen suchenden Mann in der Wüste den Weg zu Gott zu zeigen (Apg 8,26-40).

Wenn Gott eine Lieblingszahl hat, dann vermutlich die Zahl „eins“: „*Wenn jemand* ***ein*** *solches Kind aufnehmen wird ... Wenn aber jemand* ***einem*** *dieser Kleinen Anlass zur Sünde gibt ... Seht zu, dass ihr nicht* ***eines*** *dieser Kleinen verachtet ...*

*Wenn ein Mensch hundert Schafe hätte und **eins** von ihnen sich verirrte ... es ist nicht der Wille eures Vaters ... dass **eines** dieser Kleinen verloren gehe*" (Mt 18). Durch die Bibel hindurch wird Heilsgeschichte mit Einzelpersonen geschrieben, nicht mit Menschenmassen.

Männer Gottes in der Bibel wehren sich energisch gegen Versuche ihrer Anhänger, sie zu verehren, aus ihnen eine Marke zu machen und sie als geistliche Superstars mit einer riesigen Fangemeinde auf ein Podest zu stellen (2Kö 5,15-16; Apg 14,12-15; Apg 10,26). Sie sind schlau genug, um zu wissen, dass geistliche Aufbrüche selten an Angriffen von außen scheitern, sondern fast immer an der schleichenden Eitelkeit, die in Herzen lauert, die sich in eine Erfolgsmanie hineinziehen lassen. Verehrung von Menschen ist eine gefährliche Droge.

Gott ist sehr wohl in der Lage, Menschenmassen zusammenzurufen. Die Stimmen, die um den Thron Gottes herum in Lobpreis aufsteigen, sind *„Zehntausende mal Zehntausende und Tausende mal Tausende*" (Offb 5,11). Bis diese Zeit kommt, dürfen wir in seinem Auftrag dafür sorgen, dass es nie unter unserer Würde ist, *„einem dieser Geringen nur einen Becher kalten Wassers zu trinken*" zu geben. Solch ein Nachfolger Jesu *„wird seinen Lohn gewiss nicht verlieren*" (Mt 10,42).

7
Was die Schöpfung über Gott erzählt

„Gottes Welt gehorcht Gottes Regeln, ist keinen menschlichen Verordnungen unterstellt.“

Wenn ein Mensch sich so etwas wie eine Schneeflocke, eine Rose, einen Marienkäfer, einen Sonnenuntergang ausdenken würde – er wäre im Nu mehrfacher Millionär. Menschenmengen würden Schlange stehen, um Eintrittskarten zu kaufen und seine schöpferischen Wunderwerke zu bestaunen.

Warum staunen wir nicht in diesem Maße über eine Schöpfung, die kein Geringerer als Gott selbst sich ausgedacht hat? Vermutlich, weil ihre Schönheit zu vertraut und auch noch gratis zu haben ist. Als ich neulich gewaltige aufgetürmte Kumuluswolken am Himmel bestaunte, weiß strahlend gegen die bedrohliche, dunkle Kulisse eines anrückenden Gewitters, dachte ich an die Worte von König David: *„Der Himmel erzählt die Herrlichkeit Gottes, und das Himmelsgewölbe verkündet seiner Hände Werk"* (Ps 19,2).

Der Apostel Paulus ergänzt diese Gedanken mit folgenden herausfordernden Worten in seinem Brief an die Römer:

„Denn sein unsichtbares Wesen, sowohl seine ewige Kraft als auch seine Göttlichkeit, wird seit Erschaffung der Welt in dem Gemachten wahrgenommen und geschaut, damit sie ohne Entschuldigung sind; weil sie Gott kannten, ihn aber weder als Gott verherrlichten noch ihm Dank darbrachten"

(Röm 1,20-21). Mit anderen Worten: Die Schöpfung ist eine Art Bilderbuch, das die Geheimnisse des unsichtbaren Gottes für alle lüftet, die Augen haben zu sehen und Ohren zu hören. Der Künstler offenbart in seinem Kunstwerk alle Facetten seines Wesens, sodass sogar ein Mensch, der keine Ahnung von Wahrheit hat, durch das Betrachten der Schöpfung auf die richtige Spur geraten und schließlich zur Erkenntnis des lebendigen, wahren Gottes kommen kann.

Nicht nur das Panorama eines Wolkenhimmels erzählt von der Herrlichkeit Gottes. Die kleinsten Samenkörner, die unscheinbarsten Gräser und Pflanzen erinnern uns an Tod und Auferstehung. „*Wenn das Weizenkorn nicht in die Erde fällt und stirbt, bleibt es allein, wenn es aber stirbt, bringt es viel Frucht*“, erklärt Jesus (Joh 12,24). Ein Bild, nicht nur für das Leben, das in der Taufe mit Christus gekreuzigt und mit ihm zu neuem Leben auferweckt wird, sondern auch für die feste Zuversicht, dass für den Jünger Jesu der leibliche Tod nicht das Ende, sondern erst der Anfang ist.

Einmal fuhr ich durch die atemberaubend schöne Landschaft des Schwarzwaldes auf dem Weg zu einer Veranstaltung, bei der strengste Covid-Auflagen herrschten. Mehr denn je zuvor freute ich mich am fröhlichen Trällern der Vögel, die keinen Mundschutz tragen mussten. Ich schmunzelte über die Sorglosigkeit der Blumen, die sich von keinem Lockdown gefangen nehmen oder einschüchtern ließen. Gottes Welt gehorcht Gottes Regeln, ist keinen menschlichen Verordnungen unterstellt. Genau darauf weist Jesus selbst hin: *„Seht hin auf die Vögel des Himmels, dass sie weder säen noch ernten ... Betrachtet die Lilien des Feldes ... sie mühen sich nicht"* (Mt 6,25.28).

Diese Blumen, die sich „nicht mühen", sind übrigens ganz schön zähe kleine Gesellen. Auf meinem Balkon füllen sie alle Ritzen zwischen den Steinplatten mit grünem Leben. Löwenzahn, Gräser, sogar ein paar Veilchen und Vergissmeinnicht verzieren das graue Steinpflaster – sie haben sich selbst dorthin gepflanzt, oder der Wind oder ein Vogel hat sie gebracht. Und ich werde sie dort lassen, auch wenn mein Balkon dadurch recht ungepflegt aussieht. Denn sie erinnern mich daran, dass das, was Gott schafft, immer das letzte Wort hat, sich immer irgendwie durchringt. Selbst die härtesten und unnachgiebigsten, von Menschen gemachten Steinplatten können nicht verhindern, dass eine winzige, zarte Pflanze, durch Gottes Hand geschaffen, irgendwie ihren Weg ans Tageslicht findet.

8

Warum die Kirchenväter den besseren Durchblick hatten

» Unsere geistlichen Väter beschäftigten sich dagegen mit der eigentlichen Not: mit der Sünde, die uns von Gott trennt. «

Neulich sangen wir im Gottesdienst den Choral *„Mir ist wohl in dem Herrn"*. Strophe drei lautet: *„Die Last meiner Sünde trug Jesus, das Lamm, und warf sie weit weg in die Fern'.*" Beim Singen dachte ich beiläufig an die Tragödie, die der Verfasser dieses Liedes, Horatio Spafford, erlebt hatte, bevor er diesen Text verfasste. Seine vier Töchter waren auf einer Reise über den Atlantik in einem Schiffsunglück ums Leben gekommen. Es stieß mir plötzlich seltsam auf, dass der erschütterte Vater in solch einer Situation nicht über seine Trauer, sondern über die Wegnahme seiner Sünde am Kreuz schrieb. Meine Gedanken wanderten zu einem anderen bekannten Liederdichter, der mitten in zermürbenden Umständen die Worte schrieb: *„O Haupt voll Blut und Wunden, voll Schmerz und voller Hohn!"* (Paul Gerhardt, 1607–1676).[1]

Der Blick auf den Gekreuzigten in Zeiten der Not: Hatten diese Kirchenväter etwas begriffen, das wir modernen Christen vergessen haben? In der heutigen Gefühls- und Wohlstandskultur sind Menschen von ihren *gefühlten* Nöten geradezu getrieben. Wie geht es mir gerade? Unsere geistlichen Väter beschäftigten sich dagegen mit der *eigentlichen* Not: mit der Sünde, die uns von Gott trennt, mit dem Werk Jesu am Kreuz, das uns mit Gott versöhnt. Jesus selbst scheut sich nicht, den Blick seiner Zuhörer immer wieder von der gefühlten auf die tatsächliche Not zu lenken. Zum Gelähmten in Kapernaum sagt er: *„Deine Sünden sind vergeben“* (Mk 2,5), bevor er ihn heilt. Er ermahnt seine Jünger, dass leibliche Unversehrtheit nicht das höchste Gut im Leben eines Christen sein darf: *„Fürchtet euch nicht vor denen, die den Leib töten“* (Mt 10,28).

Technische Wunderwerke, geistige Aufklärung, Optimierung der Lebensqualität: Diese Fortschritte dürfen nicht darüber hinwegtäuschen, dass kein noch so umwerfender Geniestreich der Menschen die zwei Kernprobleme der Welt lösen kann: die Niedertracht des menschlichen Herzens und die Vergänglichkeit des menschlichen Körpers. Das Leben unserer geistlichen Väter angesichts von Tod und Leid schärfte deren geistliche Wahrnehmung, öffnete ihren Blick für den Himmel. Wir dagegen verdrängen das Problem der Sünde, weisen die Realität unserer Vergänglichkeit von uns. Wir sind rückständig geworden.

Der Trend wirkt sich bis in unseren Sprachgebrauch hinein aus. John Newtons berühmtes Lied beginnt mit den Worten: *„Amazing grace, how sweet the sound, that saved a wretch like me“*[2] (Erstaunliche Gnade, ... die einen Schurken wie mich gerettet hat). Eine moderne Lobpreisband änderte das Wort „Schurke“ in „Seele“: „that saved a *soul* like me“ – günstiger für das Marketing ihres YouTube-Clips. In einem anglikanischen Gottesdienst wollte der Pfarrer die Jugend neulich mit einer flotten Sprache gewinnen. „Wir bereuen es, falls wir Fehler gemacht haben, und bitten dich um Verzeihung“, lautete das Beichtgebet. Im Originaltext des Book of Common Prayer heißt es: *„We acknowledge and bewail our manifold sins and wickedness ... We do earnestly repent, And are heartily sorry for these our misdoings; The remembrance of them is grievous unto us; The burden of them is intolerable. Have mercy upon us.“*[3] Frei übersetzt: „Wir bekennen und bereuen unsere zahlreichen Sünden und Boshaftigkeiten. Wir tun ernsthaft Buße und bedauern zutiefst unsere Missetaten. Die Erinnerung an sie bedrückt uns. Ihre Last ist unerträglich. Erbarme dich über uns.“ Die gewichtige Sprache vermittelt mit Nachdruck den Ernst von Sünde und Vergebung.

Unsere geistlichen Väter lehren uns: Nur wer der eigenen Sünde ins Gesicht geblickt hat, versteht etwas von Gnade und Rettung. Nur wer erkannt hat, dass die Trennung von Gott das eigentliche Problem der Menschheit ist, findet im Blick auf das Kreuz auch in den dunkelsten Stunden Trost und Hoffnung. Wir tun gut daran, auf sie zu hören.

9

„Immer mehr von dir, Herr“ – wirklich?

> Wer nicht in demütiger Ehrerbietung aus der Gegenwart Gottes kommt, war vermutlich nicht wirklich in der Gegenwart Gottes.

Als ich neulich das moderne Lobpreislied „Immer mehr von dir" hörte, dachte ich an biblische Prominente, denen diese Bitte tatsächlich erfüllt wurde - auch ohne, dass sie es unbedingt wollten. Welche gemischten Gefühle hätte so ein Text in ihnen wohl erweckt? Wenn Gott das Drehbuch eines Lebens tatsächlich in die Hand nimmt, bleibt nichts, wie es vorher war. Manch ein biblischer Charakter verkraftet das Eingreifen Gottes nicht. Kain platzt vor Wut (1Mo 4,5), Jona ergreift die Flucht (Joh 1), Elia schlittert in eine tiefe Depression (1Kö 19), Johannes sinkt erschüttert zu Boden (Offb 1,17), der reiche Jüngling marschiert kopfschüttelnd in die andere Richtung (Mt 19,22), Daniel wird krank (Dan 8,27), Mose verweigert zunächst den Dienst (2Mo 3,11).

Bei denen, die sich schließlich in zitternder Ehrfurcht auf das Wirken Gottes einlassen, sind verschiedene Reaktionen zu sehen. Überheblichkeit gehört nicht dazu. Keiner kommt prahlend oder sich brüstend aus der Gegenwart Gottes heraus. Eine Mischung aus zerknirscht, schockiert, den Kopf leicht verdreht, dankbar, die Begegnung überlebt zu haben, manchmal wie verträumt: so der Eindruck, den der Leser von denen bekommt, die die göttliche Herrlichkeit erblickt haben.

Überwältigt und entsetzt stammelt Jesaja nach seiner Vision vom Thron Gottes:

„Wehe mir, denn ich bin verloren! Denn ein Mann mit unreinen Lippen bin ich, und mitten in einem Volk mit unreinen Lippen wohne ich" (Jes 6,5).

„Siehe, zu gering bin ich!", ruft Hiob verzweifelt (Hi 40,4), nachdem Gott sich seinem strapazierten Diener in einem erschütternden Naturspektakel offenbart hat.

Jahrhunderte später sagt Johannes der Täufer zu seinen Mitarbeitern, die besorgt zusehen, wie manche aus ihrer Mannschaft zu Jesus überlaufen:

„Er [Christus] muss wachsen, ich aber abnehmen" (Joh 3,30).

Wer nicht in demütiger Ehrerbietung aus der Gegenwart Gottes kommt, war vermutlich nicht wirklich in der Gegenwart Gottes.

Selbst Paulus mit seinen ausgefeilten rhetorischen Kompetenzen kommt ins Straucheln, wenn er versucht, seine intensivste Begegnung mit Gott in Worte zu fassen. Der Leser kann nur vermuten, dass er von sich selbst redet, wenn er in der dritten Person schreibt:

„Vor vierzehn Jahren wurde er in den dritten Himmel entrückt. Gott allein weiß, ob dieser Mensch leibhaftig oder mit seinem Geist dort

war. ... Er wurde ins Paradies versetzt und hat dort Worte gehört, die für Menschen unaussprechlich sind. Was dieser Mensch erlebt hat, das will ich rühmen. Bei mir selbst aber lobe ich nur meine Schwachheit" (2Kor 12,2-5; HfA).

So redet ein Mensch, der Gott begegnet ist. Der, der auf heiligem Boden gestanden hat, ringt um Worte. Er vermarktet seine geistlichen Erkenntnisse nicht. Paulus gründet kein globales „Dritter-Himmel"-Netzwerk mit Handbuch und Logo für eine neue Spiritualität. Keine „Erlebnis-mit-Gott-GmbH" mit Ticketverkauf. In dem Augenblick, in dem ein Wirken Gottes zu menschlichen Zwecken und eigener Selbstinszenierung missbraucht wird, hört es auf, ein Wirken Gottes zu sein.

Das heißt nicht, dass demütige Menschen gering von sich denken. Es heißt, dass sie wenig an sich denken. Sie haben sich in Christus verloren. „Mehr" von Gott heißt automatisch weniger von mir selbst. In der Tat: „*Es ist furchtbar, in die Hände des lebendigen Gottes zu fallen*" (Hebr 10,31). Furchtbar für das alte, egoistische Leben. Ein herrlicher Befreiungsschlag und Leben in Überfluss für das Herz, das sich dem Christus ausliefert.

In diesem Sinne, Herr – „Wir wollen immer mehr von dir!"

10

Deine Altäre, o Gott!

„Unser stärkstes Zeugnis ist unser Mut, alles in Gottes Hand zu legen – auch den Ausgang einer Situation.“

So schnell kann es gehen: An einem Tag hängte ich die Wäsche auf, kaufte eine neue Hose und holte Milch vom Supermarkt; am nächsten Tag lag ich im OP-Saal, drei Tage später saß ich in der Kinderklinik neben dem Brutkasten meines ersten Kindes, Deborah. Zwölf Wochen zu früh, Ausgang ungewiss. Mitten in einem Dickicht von Überwachungsmonitoren, blubbernden Röhrchen und piependen und blinkenden Geräten war vor lauter Schläuchen, Kabeln und Verbänden vom Säugling kaum etwas zu sehen. Schwestern in blauen Kitteln huschten hin und her, der Geruch von Desinfektionsmitteln hing in der Luft. Dem Kind neben uns war das Beatmungsgerät ausgeschaltet worden. Eine Ärztin hatte den Eltern gerade erklärt, dass nichts mehr zu machen sei. Der verwaiste Vater blickte auf seinen Sohn und schluchzte leise.

Intensivstation. Nur ein paar Meter trennen zwei komplett verschiedene Welten. Draußen hupen die Autos und erledigen die Passanten ihre Einkäufe, drinnen schweben Menschenseelen zwischen Leben und Tod. Eine Tür, die in die Ewigkeit führt. Wer hier ein und aus geht, für den teilt sich das Leben in „davor" und „danach". So auch bei uns.

Ich hatte gerade erlebt, wie ein Kind stirbt. Und meins könnte das nächste sein. Die kleinen

Patienten waren entsprechend der Ernsthaftigkeit ihres Zustandes aufgereiht. Das tote Kind lag im zweiten Brutkasten, unseres im ersten, dort, wo jeweils das kränkste Baby lag. Durch ein kleines Seitenfenster in der Glasscheibe durften wir unsere Tochter berühren - zumindest die Teile, die nicht verkabelt waren. Ich wollte die winzigen, durchsichtigen Fingerchen, dünn wie Streichhölzer, die die Kuppe meines kleinen Fingers umklammerten, nicht loslassen. Doch die Besuchszeit war vorbei. Ich flehte den Herrn um das Leben meines Kindes an, flüsterte den trauernden Eltern mein Beileid zu und lenkte meinen Rollstuhl zum Aufzug und zurück in mein Zimmer. Eine hochschwangere Frau torkelte im Gang mit einer Zigarette im Mund an mir vorbei und fluchte über die bevorstehenden Geburtsqualen und den Stress schlafloser Nächte. Ich erinnerte mich an den Kommentar meiner Schwester, die als Ärztin in diesem Krankenhaus gearbeitet hatte: „Draußen im Müll liegen Säuglinge, die größer sind als deins."

Endlich wieder allein. Eine Lawine von Panikgefühlen. Tränen flossen ungehindert. Ich weinte für die Eltern, die ihr Kind verloren hatten, griff nach meiner Bibel und blätterte mit zitternden

Händen durch die Psalmen. Irgendeinen Halt brauchte ich, bis mein Mann in drei Stunden für die nächste Besuchszeit kommen würde, um mir wieder Mut zuzusprechen. Er zweifelte keine Minute lang daran, dass unser Kind überleben und gesund sein würde.

Ich hielt bei Psalm 84 an:

> *„Auch der Vogel hat ein Haus gefunden und die Schwalbe ein Nest für sich, wo sie ihre Jungen hingelegt hat – deine Altäre, HERR der Heerscharen, mein König und mein Gott!" (Vers 4)*

Altäre. Nicht gerade der appetitlichste Teil des jüdischen Tempels. Nicht der Teil, den man Touristen als Erstes zeigen würde. Dort fließt Blut, 24/7. Dort werden Tiere geschlachtet und ihre Leichen auseinandergehackt, die Innereien sortiert. Aber Moment. Dort ist auch der Fingerzeig auf einen anderen Altar. Auf den Altar, auf dem der Sohn Gottes geopfert wird. Das fließende Blut, das der Garant für mein Seelenheil ist. Der Schmerz, der meine Schmerzen zudeckt. Die Gewissheit, dass mein eigentliches Problem – meine Trennung von Gott – für Zeit und Ewigkeit gelöst ist. Dass mein Leben nie tiefer fallen kann als in die Hände

Gottes. Die Vögel zumindest haben es kapiert. Sie bringen ihren Nachwuchs dorthin, wo das Blut fließt. Sie bauen dort ihre Nester. Mit ziemlicher Zuversicht und mit freudiger Selbstverständlichkeit, wie es scheint.

Ich hatte nichts zu verlieren. Ich beschloss, das Gleiche zu tun. Mein Nest dort zu bauen, wo das Blut des Sohnes Gottes fließt. Meine Babys dort hinzulegen – dieses, wie auch weitere, die der Herr uns vielleicht schenken würde. Sie sind Leihgabe, nicht Besitz. Oder vielmehr: sein Besitz. „Der Ort des Opfers ist der Ort der Sicherheit“, schrieb ich neben den Vers. Ich döste weg. Der Gesang einer Reinigungskraft weckte mich auf. „Welch ein Freund ist unser Jesus“, trällerte sie lautstark, als sie in mein Zimmer trat, um das Waschbecken zu reinigen. Wer hat jemals behauptet, dass es heute keine Engel gibt?

Uns blieb aus irgendeinem Grund das Schicksal erspart, das dem anderen Elternpaar zugemutet wurde. Deborah überlebte, gedieh, wurde für viele zum Segen und hat jetzt selbst Kinder. Bis heute denke ich immer wieder an die leere Tragetasche der anderen Eltern, die gegen einen kleinen Sarg eingetauscht wurde – und bete, dass diese Tragetasche weiteren Kindern Heimat bieten konnte und dass die Eltern getröstet wurden.

Wir leben für Jesus und nicht für Gebetserhörungen, die in unserem Sinne geschehen sollen. Hiob sagte in einer Situation der existentiellen Not: „*Der Herr hat gegeben, der Herr hat genommen, gelobt sei der Name des Herrn.*" Unser stärkstes Zeugnis ist unser Mut, alles in Gottes Hand zu legen – auch den Ausgang einer Situation – und ihm zu vertrauen, dass auch die Krisen im Leben denen zum Besten dienen müssen, die ihn lieben. Das ist echter Glaube. Wir gehen jeden Weg mit Jesus und machen unser Leben und unsere Stimmung nicht ständig abhängig von Situationen.

Wir haben zwar ein Wunder erlebt in dem Sinne, dass Debbie entgegen aller Prognosen gesund überlebt hat. Aber andere Eltern erleben es manchmal anders, und das macht es nicht weniger zu einem Wunder, nur zu einer anderen Art von Wunder.

Mein Mann, Helmut Vollkommer

11

Gottes Geschenke in unerwarteten Verpackungen

„Manchmal sind das die besten Geschenke.“

Im Kopf sind wir Christen gut trainiert. „Rückschläge gehören zum Leben dazu. Gott wird sich dabei schon was denken; alles dient zum Besten; er geht mit uns, auch durch dunkle Täler." Felsenfeste Zusagen, auf denen wir unser Leben bauen. Als Micha und Maria, ein junges Ehepaar in unserer Gemeinde, mitten in der Vorfreude auf ihr erstes Kind die Diagnose „Downsyndrom" erhielten, klangen diese Sprüche im ersten Augenblick hohl und leer. Ihr Leben war bis dahin wie am Schnürchen gelaufen. Sie hatten ineinander die große Liebe gefunden. Sie waren in ihren Berufen erfolgreich und glücklich; Maria leitete die Frauenarbeit der Gemeinde, und Micha spielte im Musikteam. Mitten in dieses Glück kam die Nachricht, dass ein Kind unterwegs war. Fazit: „Alles perfekt." Dann die Diagnose. Downsyndrom. Alles andere als perfekt, so dachten die erschütterten werdenden Eltern.

Ein volles Ja zu dem Kind, das stand für sie außer Frage. Trotzdem die Tretmühle der üblichen Krisenfragen: „Warum gerade wir?", „Wie werden wir klarkommen?", „Sind wir der Situation gewachsen?" Angst vor mitleidvollen Blicken, Angst vor blöden Kommentaren, Angst vor den weiteren Komplikationen, die die Ärzte nicht ausgeschlossen hatten. Micha stützte sich auf einen Satz in einem seiner Lieblingslieder: „Man braucht nur einen kleinen Glauben, damit Gott Berge versetzt." Er flehte Gott an, diesen Berg zu versetzen, bat darum, dass es sich doch um eine Fehldiagnose handelte.

Ausgerechnet an dem Sonntag nach Bekanntgabe der Diagnose hatten wir in der Gemeinde Babysegnung. Eine Reihe stolzer Eltern brachte ihre kerngesunden Säuglinge nach vorne, um sie segnen zu lassen. Micha und Maria standen die Strapazen der vergangenen Arztbesuche, der schlaflosen Nächte und der nagenden Ungewissheiten ins Gesicht geschrieben. Noch wusste niemand von der schweren Last, die sie zu tragen hatten, außer engsten Verwandten und Freunden.

Ich saß wie gewohnt neben Michas Eltern in der ersten Reihe und konnte ihre Sorge um das junge Paar aus nächster Nähe fühlen. Seine Mutter Esther kämpfte mit den Tränen. Die Musik setzte ein, wir standen auf und fingen an, mit einem Kloß im Hals, Gott zu loben. Plötzlich glitt eine kleine Gestalt an uns vorbei und schob sich zwischen mich und Esther. Es war Leonie. Unser Downsyndrom-Schatz, 26 Jahre alt, seit ihrer Geburt in der Gemeinde mit dabei. Leonie legte ihre Arme um Esther und hielt sie fest, während wir sangen. Sie wusste nichts von der Diagnose. Als wir uns hinsetzten, rannte sie kurz los, holte ihre Handtasche und die Bibel und setzte sich wieder neben Esther. Dort blieb sie für den Rest des Gottesdienstes. Downsyndrom-Kinder sehen und spüren eben Dinge, die andere nicht sehen und spüren.

Kürzlich am Sonntag war wieder Babysegnung. Der kleine Levin war dabei, ganzer Stolz und ganze Freude der frischgebackenen und strahlenden Eltern Micha und Maria. Die Diagnose hatte sich bestätigt, er ist ein Down-Kind. Natürlich bleiben die Ungewissheiten. Die Fragen. Die Herausforderung, sich auf einen anderen Lebensentwurf einzustellen als geplant. Aber eines steht fest: Micha und Maria wissen sich mit diesem Kind über alle Maßen beschenkt. Einen Berg hat Gott sehr wohl versetzt: den Berg ihres Zweifels, den Berg ihrer Ängste. Das Fazit bleibt: „Alles perfekt." Weil Gott ihren kleinen Sohn perfekt gemacht hat. Als die Kinder gesegnet wurden, kam Leonie natürlich mit nach vorne, um für Levin zu beten.

Gottes Geschenke kommen manchmal in unerwarteten Verpackungen. Manchmal sind das die besten Geschenke.

12
Passiert oder nicht passiert?

» Mit einem Himmel, der metaphorisch zu verstehen ist, gewinnen wir niemanden für Jesus, trösten keinen am Sterbebett, haben den Gestrandeten dieser Welt keine Hoffnung zu bieten. «

Seit Jahrhunderten versuchen Bibelkritiker, die Geschichtlichkeit biblischer Ereignisse zu widerlegen. Eine ihrer kreativsten Taktiken ist der Versuch, den Begriff „Geschichtlichkeit" selbst zu entwerten. Schon der Apostel Paulus hatte seine liebe Mühe mit religiösen Fachleuten, die behaupteten, dass Fabeln und Mythen genauso ernst zu nehmen seien wie nüchterne Berichterstattung (1Tim 1,4). Ein moderner Theologe der deutschen post-evangelikalen Schule geht noch einen Schritt weiter mit seiner These: Der Mensch habe das historische Denken – die Unterscheidung zwischen Gegenwart und Vergangenheit sowie zwischen „wirklich geschehen" und „nicht wirklich geschehen" – überhaupt erst ab dem 18. Jahrhundert begriffen. Klar, meint er, könne man die Bibel nicht als historisches Dokument betrachten. Damit tun wir ihr sogar unrecht! Um „wahr" zu sein, müsse eine Sache nicht passiert sein. Fazit: Wir sind „unbiblisch", wenn wir an die Bibel glauben.

Oha. Meine Vorväter konnten nicht zwischen Fakt und Fiktion unterscheiden? Ihre Aufzeichnungen sind also unzuverlässig. Umsonst habe ich die Abfolge der Könige und Königinnen Englands gelernt; die Reformation und der 30-jährige Krieg haben möglicherweise gar nicht stattgefunden, und die Römer habe ich mir nur eingebildet.

Im Umkehrschluss bedeutet das: Micky Maus, Alice im Wunderland und der Struwwelpeter könnten tatsächlich existiert haben.

Spaß beiseite: Klar, welcher Hase hier im Pfeffer liegt. Es ist das alte Spiel, die Bibel der Beliebigkeit preiszugeben. Der Freibrief, zu nehmen und zu lassen, was ich will, mich dabei für aufgeklärt zu halten und auf diejenigen herabzuschauen, die zurückgeblieben sind. Alles perfekt auf den modernen Zeitgeist zugeschnitten.

Der hochintelligente Doktor Lukas hatte genau dieses Spiel im Sinn, als er seinen „*Bericht von den Ereignissen, die sich unter uns zugetragen haben*" mit der Präambel versah: „... *wie sie uns die überliefert haben, die von Anfang an Augenzeugen und Diener des Wortes gewesen sind ... damit du die Zuverlässigkeit der Dinge erkennst, in denen du unterrichtet worden bist.*" Lukas bezeichnet sich selbst als einen, „*der ich allem von Anfang an genau gefolgt bin*", und will die Ereignisse „*der Reihe nach ... schreiben*" (Lk 1,1-4). Alles nur Metapher?

Mit einer Auferstehung von den Toten, die nicht wirklich passiert ist, füllen wir keine Kirchenbänke. Mit einer Arche Noah, die nur symbolisch ist, bauen wir keine dynamische Jugendarbeit auf. Mit einem Himmel, der metaphorisch zu verstehen ist, gewinnen wir niemanden für Jesus, trösten keinen am Sterbebett, haben den Gestrandeten dieser Welt keine Hoffnung zu bieten.

„Es steht geschrieben", kontert Jesus jeden listigen Angriff des Feindes (Mt 4,1-11). Selbst auf dem Weg zum Kreuz zitiert er das Wort Gottes (Lk 23,28; Mt 27,46). Dieses Wort fließt aus ihm heraus, auch mitten in qualvollem Schmerz. Die Bibel ist kraftvoll, weil sie wahr ist. Dort, wo sie Poesie, Gleichnisse und rein kulturelle Forderungen enthält, legt sie sich selbst aus, sie braucht keine fachkundigen Mittelsmänner dazu. Sie muss nicht verteidigt, angepasst oder weichgespült werden. Sie braucht weder Anwälte, die sich für ihre Ecken und Kanten entschuldigen, noch religiöse Ideologen, die sie mit pharisäischem Kalkül als Keule gegen andere missbrauchen.

Sie muss geglaubt werden. Und entfesselt. Zuerst im eigenen Herzen. Die Bibel legt uns aus, nicht wir sie. Sie macht mutig, demütig und gnädig, befreit von Eigenliebe, füllt uns mit der Liebe Gottes. Aus so einem Herzen sprudelt Gottes Wort über Lippen, die es nicht für sich behalten können. Es strahlt durch Augen, die den Messias geschaut haben und nur eines wollen: ihn in der Welt bekannt machen.

„Das Gras ist verdorrt, die Blume ist verwelkt. Aber das Wort unseres Gottes besteht in Ewigkeit." (Jes 40,8)

13
Schuhe für die Reise

„Hiob hatte durch leidvolle Prüfungen gelernt, dass Glaube mit Gefühlen wenig zu tun hat. Denn die Bibel bietet uns etwas Besseres als Gefühle: Fakten.“

Reisen haben schon immer eine große Rolle in unserem Familienleben gespielt. Am Birmingham-Flughafen, Mittelengland, habe ich einen Lieblingstisch im „Starbucks"-Café bei den Flugsteigen. Hier warte ich, bis mein Flug ausgerufen wird: ein kurzes Niemandsland zwischen der Umarmung meiner Schwester Tanya an diesem Ende und der Umarmung meines Mannes am anderen Ende der Reise. Hier musste ich nach manch einer schweren Trennung ernsthafte Gespräche mit meiner eigenen Seele führen. Der Abschied heute war vermutlich der letzte von meinem schwerkranken Vater. Er flüsterte einen Gruß an seine Enkelkinder, ich sagte ihm, wie sehr ich ihn lieb habe, und das war es. 59 Jahre innige Beziehung mit einem Kuss auf seine müde Stirn abgeschlossen.

Hohler, leerer Raum

Es sind die Kleinigkeiten, die wehtun. Nur eine Person winkt beim Abschied in der Ausfahrt statt zwei. Früher gab es Lachsbrote für die Reise, Papas Spezialität. Heute keine. Jo, meine Stiefmutter, entschuldigt sich dafür. Muss sie natürlich nicht. Ich will meinem Vater erzählen, wie es mir dabei geht. Er wollte immer alles wissen. Früher hätte er dreimal hintereinander angerufen, wenn er gewusst hätte, dass es einem von uns schlecht geht. Wo einst sprudelnder Austausch war, ist jetzt nur ein hohler, leerer Raum. Das letzte Refugium für Zeiten, in denen alles bröckelte, ist nicht mehr bewohnt. Das Licht ist aus, die Tür hängt in ihrer Angel, und ich rufe in einen kalten, dichten Nebel hinein, horche nach der geliebten Stimme, die nicht mehr zurückkommt.

Kunterbunte Erinnerungen

Klar, Trauer ist der Preis, den man für Liebe bezahlt. Viele wären froh, meine Tränen weinen zu dürfen. Ich versuche, auf Dankbarkeit umzuschalten. Immerhin lebte er noch ganze drei Jahre, nachdem die Ärzte das „Aus" verkündigt hatten. Ich durfte ein Buch über ihn schreiben.[4] Er wurde von der Queen geehrt. Der Hohlraum füllt sich mit Erinnerungen, die kunterbunt aus allen Winkeln meines Gedächtnisses purzeln. Kindheit in Afrika. Er war ein erfolgreicher Geschäftsmann, aber der Glamour der teuren Anzüge und vornehmen Autos ließ ihn kalt. Lieber baute er mit uns Legotürme, versteckte Pfefferminzbonbons in den Felsen und grinste schelmisch, während wir mit dem Hund wetteiferten, wer sie zuerst fand. Er sah uns Kinder nicht als Erziehungsaufgabe, sondern als Erholung.

Bei wichtigen Dingen waren er und meine Mutter konsequent. Ein Klaps auf den Hintern für Frechheiten. Wir waren danach nicht geschädigt, sondern geläutert. Jeden Abend lasen sie mit uns ein Kapitel aus der Bibel. Die Verse durften wir drei Schwestern reihum vorlesen. Eine Zeit lang landete Andrea immer bei *„und der HERR sprach zu Mose"*, und wir fielen um vor Lachen. Discos und kurze Röcke waren tabu. Jungs wurden spätestens um 22.00 Uhr aus dem Haus gejagt. Wir hatten Angst, unser Vater würde unsere Verehrer vergraulen. Dabei sorgte er lediglich dafür, dass nur die richtigen im Haus landeten. Mit Geld war er großzügig. Der Zehnte gehörte aber dem Herrn. „Ich kann es mir bei diesem Hungerlohn nicht leisten, den Zehnten zu geben!", klagte ich einmal. „Du kannst dir nicht leisten, ihn nicht zu geben!", schoss er zurück.

Dankbarkeit. Auch in den Schatten des Todes gibt es Lichtblicke. Gestern saßen Stephen und Betty aus der Nachbarschaft da. Sie saßen schon vor 30 Jahren da, als meine Mutter starb. Bei jeder Familienkrise saßen sie auf einmal da und litten mit. Ein Andachtsbuch lag neben dem Krankenbett auf dem Tisch. Mein Vater wurde kurz wach und erinnerte mich daran, dass ich es ihm 1975 zum Geburtstag geschenkt hatte. Ich schlug auf:

„Warum betrübst du dich, meine Seele? Hoffe doch auf Gott!“ Ich las die Satzanfänge, er vervollständigte sie. Und döste dann wieder weg.

Reisefertig

Jetzt sind zwei Tage vergangen. Jo erzählt am Telefon, dass er gestern Abend nach seinen Schuhen verlangt hat, gerade als sie ihn für die Nacht richten wollte: nicht seinen Hausschuhen, sondern seinen Sonntagsschuhen. Als ob er auf eine Reise gehen wollte. Jetzt hält sie den Hörer so hin, dass ich sein tiefes Ein- und Ausatmen hören kann. Gerade, als ich mich verabschieden will, hört der Atem auf. Er ist weg. Der Meister stand schon an der Tür und wartete, bis ich am Telefon war, bevor er ihn holte. Die Erlaubnis dazu hatte ich ihm schon gegeben – nicht, dass er es gebraucht hätte. Mein Vater war eine Leihgabe, nicht mein Eigentum. Wie auch alles andere in meinem Leben.

Tränen sind Saatgut

„Die Echtheit unseres Glaubens zeigt sich erst dann, wenn es um Leben und Tod geht“, sagte einmal der Schriftsteller C. S. Lewis. In einer Zeit verheerender Verluste verkündete Hiob: *„Ich weiß, dass mein Erlöser lebt“* (Hi 19,25). Nicht: „Ich denke, hoffe, fühle, spekuliere ...“ Er hatte durch leidvolle Prüfungen gelernt, dass Glaube mit Gefühlen wenig zu tun hat. Denn die Bibel bietet uns etwas Besseres als Gefühle: Fakten. Fakt ist, dass Hiobs und unser Erlöser tatsächlich lebt und den Tod besiegt hat. Fakt ist: Die Auferstehung Jesu ist heute genauso herrlich und sensationell wie an jenem ersten Ostersonntag, als er Maria bei Sonnenaufgang im Garten begegnete. Fakt ist: Alle, die an ihn glauben, sind jetzt schon Teilhaber an dieser Auferstehungskraft. Mein Papa ist nicht tot. Er lebt, mehr denn je zuvor! Der Schmerz kommt nicht daher, dass er nicht mehr existiert. Sondern daher, dass er sich für kurze Zeit jenseits unserer Sicht- und Fühlweite aufhalten wird, bis wir uns ihm in Bälde anschließen und Bürger einer bleibenden Stadt werden, die Tod, Leid und Kummer nicht mehr kennt!

„Die mit Tränen säen, werden mit Jubel ernten. Er geht weinend hin und trägt den Samen zum Säen. Er kommt heim mit Jubel und trägt seine Garben.“ (Ps 126,5-6)

Tränen sind Saatgut. Auch wir „gehen weinend hin“. Eine Weile noch zumindest. Zurück in eine Welt, die ohne unseren Vater auf einmal eine andere ist. Mit der herrlichen Aussicht jedoch, dass wir „mit Jubel“ heimkommen werden.

Vielleicht ist an den Schuhen was dran.

14

Bibellese und Taschentücher-Alarm

„In dem Moment, in dem ich anfange, die Bibel zu lesen, fängt sie an, mich zu ‚lesen'. Peinlich."

Ein müdes Gähnen, die plötzliche Erinnerung an nicht geputzte Fenster, an den Teppich, der gesaugt werden muss, die Alpenveilchen, die dringend Wasser brauchen, und die unbeantworteten Mails. So die Gedanken, die unaufgefordert durch meinen Kopf schießen, wenn ich meine Bibel aufschlage. Dringende Pflichten, die aber gerade eben noch nicht so dringend waren. Es gibt seltsame Kräfte, die um jeden Preis verhindern wollen, dass ich dieses Buch lese. Das soll mir zu denken geben.

Ganz anders die Reaktion mancher Leser und Zuhörer der Inhalte dieses Buches in früheren Zeiten. König Josia von Israel zerriss empört seine Kleider, als ihm die *„Worte des Gesetzes"* vorgetragen wurden (2Kö 22,11). Das Volk Gottes zur Zeit Nehemias *„weinte, als es die Worte des Gesetzes hörte"* (Neh 8,9). Im Buch Esra lesen wir von Menschen, *„die vor dem Gebot unseres Gottes zittern"*, und daraufhin den Beschluss fassen: *„Nach dem Gesetz soll gehandelt werden"* (Esr 10,1-3).

Die erste öffentliche Predigt des Petrus nach der Himmelfahrt Jesu löste eine ähnliche Betroffenheit aus. Seine Botschaft *„drang ... ihnen durchs Herz"*. Seine Zuhörer fragten: *„Was sollen wir tun, ihr Brüder?"* (Apg 2,37). Diese Frage scheint im Neuen wie im Alten Testament der Startschuss für bahnbrechende geistliche Aufbrüche zu sein. Zum Beispiel am Jordanfluss, als Johannes der Täufer die Versammlung zur Buße rief (Lk 3,10), wie auch im Kerker von Philippi, nachdem Paulus und Silas die ganze Nacht Psalmen gesungen hatten (Apg 16). Ein fieberhaftes Verlangen, das eigene Lebenshaus in Ordnung zu bringen. Ein Hoffen und Bangen, dass es nicht zu spät ist. Ehrfurcht vor der Heiligkeit Gottes; eine erleichterte Dankbarkeit für die Gnade, auf die ein reumütiger Sünder sich werfen darf.

In dem Moment, in dem ich anfange, die Bibel zu lesen, fängt sie an, mich zu „lesen". Peinlich. Es ist ein Weckruf für ein durch Egoismus verkrustetes Herz. Das Stechen eines aktiven Gewissens, das mich daran erinnert, dass diese unfreundliche Bemerkung nicht angemessen, jene zornige Reaktion oder jener unsaubere Gedanke nicht in Ordnung, jene verurteilende Stichelei gegen den anderen nicht rechtens war. Und vieles mehr. Kein Wunder, dass ich mich gerne auf Ausweichmanöver einlasse. Die Lektüre ist anstrengend, manchmal gefährlich – zumindest für den Sünder in mir. Befreiend und beflügelnd für das Leben Christi in mir. Segensreich für meine Umgebung. Ein Lockruf, heraus aus einer Welt, die auf den Abgrund zusteuert, hinein in Gottes Welt. Eine Einladung, nach seinen Spielregeln zu leben und durch die Kraft seines Geistes verwandelt, genießbar, mit Freude erfüllt zu werden. Gerüstet für diese Welt, vorbereitet auf die Ewigkeit. Es ist die „wiederholte Überführung von Sünde, gefolgt durch Umkehr und das intensive Verlangen, in Gehorsam gegenüber Gott zu leben. Die Entscheidung, den eigenen Willen aufzugeben in tiefer Demut“ (US-Prediger Charles Finney).

Der Apostel Paulus erinnert seine Freunde in Korinth daran, dass *„die Betrübnis nach Gottes Sinn ... eine nie zu bereuende Buße zum Heil“* bewirkt (2Kor 7,10). Wer über die eigene Rettungsbedürftigkeit weint, jubelt umso lauter über die Erlösung, die Christus am Kreuz von Golgatha errungen hat. Der, der weiß, wovon er gerettet wurde, weiß auch, wie man feiert, lobt, betet, mit anderen Menschen umgeht. Gottesdienste, in denen das Wort des Kreuzes im Mittelpunkt des Geschehens steht und reichlich unter uns wohnt (Kol 3,16), sind Nahrungsstätten, die man nicht missen will.

„Ich freue mich über dein Wort wie einer, der große Beute macht.“ (König David in Psalm 119,162)

Herr, hilf mir, so zu sein wie meine Vorbilder in der Bibel. Erschüttert über das, wovon ich gerettet wurde. Euphorisch froh über das, *wofür* ich gerettet wurde.

15

Original oder Fake?

„Wer das Original vor Augen hat,
durchschaut die Fälschung.
So auch in unserem Glauben.“

Einmal bekam ich ein Blumengesteck zum Geburtstag. Orange Rosen in einer flachen Schale, in Moos eingebettet. Eine Augenweide. Ich setzte sie mitten auf den Kaffeetisch, wo sie in ihrer ganzen Pracht strahlten, und pflegte sie mit Sorgfalt. Jeden Abend goss ich meine Rosen und brachte sie auf den Balkon in die Abendkühle, damit sie frisch blieben. Ich staunte, als sie nach drei Wochen leuchteten wie am ersten Tag. Später am gleichen Tag brachte mir jemand eine frisch geschnittene Rose, auch orange. Auf einmal wirkte das Gesteck fad und staubig. Ich setzte meine Brille auf und sah es intensiver an – und fing an zu lachen. Winzig kleine Textilfäden waren plötzlich im Licht der Sonne sichtbar. Klar, es waren Seidenblumen! Zum Verwechseln ähnlich. Erst das Auftauchen einer echten Rose hatte den Betrug entlarvt.

Wer das Original vor Augen hat, durchschaut die Fälschung. So auch in unserem Glauben. Immer wieder drücken uns wohlmeinende Freunde Bücher und Predigten in die Hand, voll mit neuen geistlichen „Erkenntnissen", die für den Erfolg einer Gemeinde „unabdingbar" seien. Oft wurden wir bedrängt, bei jener Strömung mitzumachen, jene Erfolgsstrategie anzuwenden, jenes spirituelle Erlebnis „anzubieten", jene biblische

Aufforderung zu ignorieren, um es zu Segen, Beliebtheit und Ruhm zu bringen. Bibelstellen waren immer dabei. Aber auch das „Darüberhinaus". Das Heimtückische dabei ist die Mischung. Das Darüberhinaus ist der Teil, an den nichts ahnende Menschen ihre Hoffnung hängen. Der Teil, der vermarktet wird. Man müsse nur auf den richtigen Knopf drücken, so wird es suggeriert, dann handle Gott im Dienst unserer geistlichen Lebensoptimierung. Missionare der alten Schule nannten dieses Treiben „Schamanentum", „Aberglaube" oder gar „Zauberei". Götter müssen mit selbst gebastelter Frömmigkeit und all den Zwängen, die damit einhergehen, besänftigt werden. Ein Glaube ohne Golgatha, ohne Gnade, ohne Gemeinde. Spiritualität statt Nachfolge.

Wie oft dachten wir an die eindringliche Warnung von Mose, den Geboten Gottes *„nichts hinzuzufügen"* und *„nichts wegzunehmen"* (5Mo 4,2). An Johannes, der diese Ermahnung am Ende der Bibel bekräftigt: *„Wenn jemand etwas von den Worten des Buches dieser Weissagung wegnimmt, so wird Gott seinen Teil wegnehmen von dem Baum des Lebens ..."* (Offb 22,19). Heftige Worte.

Es kostet Mut, „Nein" zu sagen. „Sola Scriptura" gibt es nur zu einem hohen Preis – emotional, geistlich, finanziell. Ein geistlicher Leiter riskiert damit die Missgunst seiner Mitglieder und den Verlust von Unterstützung und Freundschaften.

Nicht „Nein“ zu sagen kostet die Kirche jedoch das Leben.

Als Jesus nach der Kreuzigung zwei seiner Jünger auf dem Weg nach Emmaus einholte und sie begleitete, hatte er keine neuen Auslegungen, keine neuen Offenbarungen zu bieten. Er *„erklärte ihnen in allen Schriften das, was ihn betraf“* (Lk 24,27). Das alte Buch reichte. Die beiden Jünger eilten nach Jerusalem. Ihre Herzen brannten. Die Nachricht der Auferstehung platzte mit ausgelassener Freude in eine dunkle, zerbrochene Welt hinein. Sie verbreitete sich wie ein Lauffeuer. Eine Kirche wurde gegründet. Auch nach 2000 Jahren haben die Schriften, die Jesus seinen zwei enttäuschten Freunden damals erklärte, die gleiche Kraft – um Menschenleben zu verwandeln, Finsternis mit Licht zu durchströmen, Müde aufzurichten, aus Niedergeschlagenen begeisterte Verkündiger zu machen. Was will man mehr?

Meine Fake-Rosen habe ich aufbewahrt. Nach 28 Jahren sehen sie wirklich fad und künstlich aus – und erinnern mich daran, wie wichtig es ist, das Original immer vor Augen zu haben.

16

Ende gut, alles gut

» Manch einem, der bei klarem Verstand aus so einer Begegnung herauskommt, ist der Appetit auf diese Welt vollends vergangen. «

Ich fände es schön, wenn ich hin und wieder einen kleinen Blick in den Himmel erhaschen dürfte. Nur einen flüchtigen. Nur, um mich zu vergewissern, dass die ganze Geschichte in der Tat gut ausgeht und Gott sie wirklich im Griff hat. Dass ich weder vor diesem Leben noch vor dessen Ende Angst haben muss. Diese Sehnsucht überkommt mich, wenn ich die Tageszeitung lese und mich frage, wie viel verrückter diese Welt noch werden kann. Wenn es in der Gemeinde oder in der Familie schon wieder kriselt. Wenn ich mit den Achterbahnen meiner eigenen Seele Mühe habe. Je älter ich werde, desto öfter spüre ich auch im eigenen Herzen *„das sehnsüchtige Harren der Schöpfung"* (Röm 8,19).

Was, wenn der Herr mich tatsächlich ab und zu in den Himmel blicken lassen würde? Wer viel in der Bibel liest, weiß, dass allzu intensive Begegnungen mit dem Himmel mit Vorsicht zu genießen sind. Zumindest solange wir an unseren irdischen Leib gebunden sind. Menschen in der Bibel, die die Nähe Gottes ungefiltert und „live" erlebt haben, können froh sein, die Begegnung überlebt zu haben. Mose muss hinter einem Felsen Schutz suchen, als Gott einmal vorbeikommt. Das Volk Israel darf den Berg nicht berühren, auf dem der Herr sich niedergelassen hat. Maria darf den auferstandenen Christus nicht anfassen. Jesaja bricht vor Ehrfurcht zusammen. Johannes findet keine Worte für die himmlischen Szenen, die sich vor seinen Augen abspielen.

Manch einem, der bei klarem Verstand aus so einer Begegnung herauskommt, ist der Appetit auf diese Welt vollends vergangen. Petrus will Hütten bauen und auf dem Berg bleiben, als er den verherrlichten Jesus vor Augen hat. Vielleicht ist das ein weiterer Grund, warum diese Erlebnisse nur sparsam gewährt werden. Mit zu viel Herrlichkeit in den Knochen wären wir für diese Erde vermutlich nicht mehr zu gebrauchen. Wir wären wie der Gerasener, der nach seiner Heilung nur Augen für Jesus hat, sich an ihn klammert und bei ihm bleiben will. Jesus muss ihn regelrecht abschütteln und zurückschicken, damit er den anderen Dorfbewohnern von seiner Heilung erzählt.

Paulus bringt es auf den Punkt: „*Ich werde aber von beidem bedrängt: Ich habe Lust, abzuscheiden und bei Christus zu sein, denn es ist weit besser; das Bleiben im Fleisch aber ist nötiger um euretwillen*" (Phil 1,23-24).

Für Herzen, die sich nichts sehnlicher wünschen, als in der Nähe Gottes zu sein, sind allerdings auch mitten im trübsten Alltag überall himmlische Spuren zu finden. Diese Spuren *„erzählen die Herrlichkeit Gottes* “ (Ps 19,1). Gott gönnt uns doch immer wieder kleine Blicke in den Himmel: ein Schmetterling in seiner zarten Schönheit, das Erwachen des Frühlings, die strahlenden Bahnen eines Regenbogens, eine frische Schneedecke auf einem Ast im Wald, das Plätschern eines Baches. Kirschblüten. Ein Sonnenaufgang. *„Denn sein unsichtbares Wesen, sowohl seine ewige Kraft als auch seine Göttlichkeit, wird seit Erschaffung der Welt in dem Gemachten wahrgenommen*“ (Röm 1,20). Fragmente der himmlischen Herrlichkeit - seine Fingerabdrücke - sind überall zu sehen. Kleine Vorboten der Ewigkeit, die uns beflügeln, in uns eine Sehnsucht nach dem Himmel wecken und uns gerade in turbulenten Tagen daran erinnern, dass die Zeit, die wir in den „Vorhöfen des Tempels“ verbringen, von kurzer Dauer ist. Bald werden wir Gott von Angesicht zu Angesicht in seinem Heiligtum sehen. *„Was kein Auge gesehen und kein Ohr gehört hat und in keines Menschen Herz gekommen ist, was Gott denen bereitet hat, die ihn lieben*“ (1Kor 2,9). Bis es so weit ist, dürfen wir in der freudigen Gewissheit leben, dass auch in seinen Vorhöfen ein Tag besser ist als sonst tausend (Ps 84,11)!

17

„Wessen Schuld war es?“

”Wenn, wenn, wenn – wie viele schlaflose Nächte werden durch diese Frage verursacht!“

„*Wer hat gesündigt, dieser oder seine Eltern, dass er blind geboren wurde?*" (Joh 9,2), fragten die Jünger Jesus, als sie einen Mann trafen, der von Geburt an blind war.

So lautet meist die erste Frage – nach einem Unfall, einer Krankheitsdiagnose, nach was auch immer für Rückschlägen in unserem Leben oder im Leben unserer Mitmenschen. Klar, wenn es eindeutig Schuldige gibt, muss man wissen, wer für die Entschädigung aufkommt, wer bestraft werden muss und wer zu einer Wiedergutmachung verpflichtet ist, damit keine anderen Menschen gefährdet werden.

Es gibt aber auch Schicksalsschläge, bei denen keine eindeutige Schuld vorliegt. Tante Suses Schlaganfall. Vielleicht wäre er nicht passiert, wenn sie sich gesünder ernährt hätte. Wenn Familie W. ihren Sohn nicht auf die Reise geschickt hätte, wäre er nicht in den Unfall verwickelt gewesen. Wenn Familie T. in einer dynamischeren Gemeinde gewesen wäre, dann wäre ihre Tochter nicht in die Irre gegangen. Wenn P. nur mehr geglaubt, mehr gebetet oder Bibel gelesen hätte, wäre seine Ehe nicht so voller Probleme. Wenn, wenn, wenn – wie viele schlaflose Nächte werden durch diese Frage verursacht!

So gerne wollen wir uns der Dynamik von Ursache und Wirkung bedienen, vorbeugen, damit in unserem Leben keine schlimmen Dinge passieren, die Lufthoheit über unser eigenes Schicksal behalten. Wenn es klar ist, warum Tante Suse den Schlaganfall hatte, kann ich vielleicht dafür sorgen, dass ich verschont bleibe. Wenn es eindeutige Gründe gibt, weshalb die Tochter von Familie T. Drogen nimmt, dann kann ich meine Kinder womöglich besser davor schützen.

Jesus beantwortet die Frage nach dem „Warum" der Blindheit des Mannes nicht, sondern macht daraus ein „Wozu": *„Weder dieser hat gesündigt noch seine Eltern, sondern damit die Werke Gottes an ihm offenbart würden. Wir müssen die Werke dessen wirken, der mich gesandt hat, solange es Tag ist; es kommt die Nacht, da niemand wirken kann"* (Joh 9,3-4).

Als Jesus an einer anderen Stelle zwei tragische Vorfälle zu Ohren kommen, dreht er den Spieß um: *„Zu dieser Zeit waren aber einige zugegen, die ihm von den Galiläern berichteten, deren Blut Pilatus mit ihren Schlachtopfern vermischt hatte. Und er antwortete und sprach zu ihnen: Meint ihr, dass diese Galiläer vor allen Galiläern Sünder waren, weil sie dies erlitten haben? ... Oder jene achtzehn, auf die der Turm in Siloah fiel und sie tötete;*

meint ihr, dass sie vor allen Menschen, die in Jerusalem wohnen, Schuldner waren?" (Lk 13,1-2.4).

Hier ist seine Antwort anders als im Falle des blinden Mannes: „*Wenn ihr nicht Buße tut, werdet ihr alle ebenso umkommen*" (Lk 13,3.5). Mit anderen Worten: Wenn es um die Schuldfrage geht, sind alle schuldig – gebrochene Menschen in einer gebrochenen Welt. An beiden Stellen lenkt Jesus den Blick vom Einzelschicksal ab und erinnert seine Zuhörer an die Dringlichkeit – Tragödien hin oder her –, ihr eigenes Leben mit Gott in Ordnung zu bringen, seinen Auftrag zu erfüllen, solange sie die Möglichkeit noch haben, sich auf die Ewigkeit vorzubereiten. Diese Erkenntnis setzt die Rückschläge unseres Lebens in die richtige Perspektive. Unser kurzes Leben auf dieser Erde ist Teil einer viel größeren Heilsgeschichte, die in der Himmelswelt verankert ist. Es geht um seine, nicht um unsere Geschichte.

Mit diesem großen Bild vor Augen können wir gewiss sein: Alles dient zu unserem Besten (Röm 8), auch – und *gerade* – die Widrigkeiten unseres Lebens!

18
Glück neu definiert

„Rückschläge im Leben sind entscheidende Glaubensmomente, in denen sich zeigt, wer wirklich unser Drehbuch schreibt.“

„Haltet es für lauter Freude, meine Brüder, wenn ihr in mancherlei Versuchungen geratet“ (Jak 1,2). Einmal in ferner Vergangenheit bekam ich ein Gummibärchen dafür, diesen Vers auswendig gelernt zu haben. Seitdem erlaube ich mir hin und wieder den Gedanken: Das kann nicht dein Ernst sein, Jakobus! Mich freuen? Wenn mein Glaube auf die Probe gestellt wird? Wenn ich hilflos zuschaue, wie Menschen leiden, die mir nahestehen? Wenn ich an der Güte Gottes zweifle und mich frage, ob sich diese ganze Mühe wirklich lohnt? Tapfer sein, vielleicht. Aber mich freuen?

Gott sei Dank folgt auf die Aussage eine Erläuterung. Wozu die Prüfungen? Ich soll *„Ausharren“* lernen, schreibt Jakobus, *„vollkommen und vollendet“* werden, *„in nichts Mangel haben“*. Keine schlechte Aussicht. Wenn es mein Ziel ist, nur in diesem Leben glücklich zu sein, dann wird mein Glaube tatsächlich im Sand verlaufen. Meine eigenen Wünsche bleiben das Maß aller Dinge. Ich beurteile Gott danach, inwieweit er meine Vorstellungen berücksichtigt, und bin enttäuscht, wenn er nicht liefert. Eine Gebetserhörung ist, wenn meine Pläne erfüllt, meine Probleme beseitigt werden und ich ungehindert meine Träume verfolgen kann.

Dieser Trugschluss sitzt so tief in unserer menschlichen Natur, dass er uns tatsächlich oft erst dann auffällt, wenn Dinge schieflaufen. Deshalb sind Rückschläge im Leben entscheidende Glaubensmomente, in denen sich zeigt, wer wirklich unser Drehbuch schreibt: wir oder Gott. Kein Wunder, dass manche Sprüche nicht nur aus dem Mund von Jakobus, sondern auch von Jesus selbst ein fassungsloses Kopfschütteln auslösten. Es war ein Zusammenstoß zweier von Grund auf verschiedener Definitionen von Glück. Hier drei Klassiker von Jesus:

„Doch darüber freut euch nicht, dass euch die Geister untertan sind; freut euch aber, dass eure Namen in den Himmeln angeschrieben sind!" (Lk 10,20). Mit unseren Worten: Unser ewiges Schicksal ist viel wichtiger als geistliche Erfolgserlebnisse auf dieser Erde.

„Mensch, deine Sünden sind dir vergeben" (Lk 5,20). Jesus scheut sich nicht, die Aufmerksamkeit seiner Zuhörer von der gefühlten Not eines schwer kranken Mannes auf seine eigentliche Not zu lenken: die Vergebung seiner Sünden.

An einer anderen Stelle fordert Jesus seine Anhänger auf: *„Fürchtet euch nicht vor denen, die den Leib töten ... vielmehr den, der sowohl Seele* *als auch Leib zu verderben vermag in der Hölle!"* (Mt 10,28).

Gottes erstes Ziel ist unsere Heiligung, nicht unser Glück. Nachfolger Jesu wissen: In dieser Heiligung finden wir unser Glück, das einzig wahre Glück, das es in diesem Leben gibt. Unsere Wünsche werden zwar nicht immer erfüllt, sie passen sich jedoch seinen Wünschen an. Es ist das Beste, was uns passieren kann! Das schließt sehr wohl die Freude ein, wenn Gebete erhört werden. Aber auch eine bleibende Glaubensgewissheit, wenn Gebete scheinbar nicht erhört werden oder nicht so, wie wir es wollen.

„Was ist mit dieser Welt schiefgegangen?", fragte mich neulich eine Bekannte. Inzwischen beantworte ich diese Frage mit einem Fingerzeig auf mein eigenes Herz. Dort liegt das Problem dieser Welt. Die Frage müsste anders lauten: Wie konnte Gott eine Sünderin wie mich überhaupt am Leben lassen, bei all dem Egoismus, der in dieser Seele lauert? Es ist Gnade, dass ich überhaupt leben darf. Und erst recht, dass ich mich täglich auf diese Gnade werfen darf und in ihr mein Glück finde: das Vorrecht, in Jesu Dienst zu stehen, mein Kreuz täglich auf mich zu nehmen und ihm nachzufolgen!

19

Muss ich den Glauben fühlen?

„Das Wissen wird mir wichtiger als das Fühlen."

Früher störte es mich, wie wenig meine Gefühle beim Bibellesen – ob alleine zu Hause oder im Gottesdienst – auf die Tiefe, die Dringlichkeit und die Ergriffenheit der Texte reagierten, die ich vor mir hatte. Wohl wusste ich um die Wichtigkeit der Worte. Nur, ich fühlte sie nicht.

„Freut euch im Herrn"? Wenn ich vier unwillige Kinder aus dem Bett schleppen musste und eins davon auf dem Weg zur Kirche gespuckt hat? Freude braucht doch einen Auslöser! Oder muss ich schauspielern?

„Sag in allen Dingen Dank" – wofür? Die verpatzte Klausur? Die Freundin, die mir den Rücken gekehrt hat? Soll ich heucheln? So tun, als ob?

„Er hat uns erlöst" – schön wäre es, vor allem von den Hunderten von unlösbaren Problemen erlöst zu sein, die gerade jetzt nach meiner Zuwendung schreien.

„Überschwängliche Gnade Gottes" – hätte ich gerne ... um die Migräne zu verkraften oder die murrenden Menschen um mich herum oder beides.

So fühlte sich meine Bibellese manchmal wie das Aufeinanderprallen zweier Welten an. Gewichtige Konzepte, die wie abgegriffene Klischees wirkten und keinen Landeplatz in meiner Seele fanden. Bis mir ein Licht aufging. Das Wort

Gottes ist tatsächlich der Zusammenstoß zweier Welten. Das ist ja der ganze Sinn der Sache! Die Bibel zerrt mich aus der Tretmühle meines ich-zentrierten Alltags und erinnert mich an Wahrheiten, die viel tiefer greifen als alle Wahrnehmungen oder „gefühlten" Wahrheiten, die täglich auf meine Seele einprasseln. Das Wissen wird mir wichtiger als das Fühlen. Gefühle kommen und gehen, abhängig von wechselhaften Tageslaunen. Das Wissen ist aber die Kraft, die meine Entscheidungen und mein Denken letztlich prägt. „Ich *weiß*, dass mein Erlöser lebt" – ganz gleich, ob ich es gerade fühle oder nicht.

„Freut euch im Herrn?" Ja! Wenn ich erkenne, dass ich durch einen Akt der unverdienten Gnade einem verdienten Tod entkommen bin, dann steigt in mir eine Freude auf, die jenseits aller Achterbahnen des Lebens greift, weil sie ihre Quelle in der Himmelswelt hat.

„Dank sei dir?" Ja! Weil der Schuldenberg, von dem ich früher nichts wissen wollte, durch Jesu Tod am Kreuz beseitigt wurde. Weil das einzige wirkliche Problem meiner Existenz – die Trennung von Gott – durch meinen Glauben an sein Versöhnungswerk am Kreuz gelöst wurde!

„Erlöst?" Gott sei Dank! Von einer Welt, die zum Verderben verdammt ist und mich letztlich nie glücklich machen kann. Weil ich für eine andere geschaffen bin. Erlöst vom Grauen vor dem Tod. Von der nagenden Unsicherheit: „Gibt es ein Danach? Bin ich wirklich nur aus Zufall entstanden?"

„Gnade?" Ich danke Jesus dafür, dass er die Wucht des gerechten göttlichen Zorns auf sich genommen hat, damit ich in Gottes Nähe leben kann.

Je mehr ich vom Wort Gottes erfahre, wie verloren ich war und wie unfassbar seine Gnade für mich ist, desto mehr spreche ich die Sprache eines vor dem Ertrinken Geretteten, der mit einem Schrei der Erleichterung nach der ausgestreckten Hand eines Retters gegriffen hat und überwältigt ist, überhaupt leben zu dürfen. Je länger ich als Christ lebe, desto mehr darf dieses Bewusstsein der unverdienten Gnade zu einem Lebensstil werden!

Eines steht fest: Göttliche Wahrheiten nehmen keine Rücksicht auf meine Gefühle. Gott sei Dank! Gefühle sind launische Zuchtmeister. Wenn ich jedoch Gottes Wort Tag für Tag verinnerliche, dann verwurzelt sich eine tiefe Dringlichkeit in meinem Herzen, die nicht nur aus Kopfwissen besteht, sondern leidenschaftlich und lebensverändernd ist. Ja, und auch Gefühle hat! Gefühle, die unter Jesu Herrschaft einer tiefen, unerschütterlichen Überzeugung entspringen.

20

„Das Törichte der Welt hat Gott auserwählt.“

(1. Korinther 1,27)

„Gott braucht uns Menschen nicht.
Aber er will uns.“

„Vierzig Jahre lang meinte Mose, er sei wer. Vierzig weitere Jahre lang entdeckte er, dass er ein ‚Niemand' war. Vierzig Jahre lang erlebte er schließlich, was Gott mit einem ‚Niemand' ausrichten kann." (D. L. Moody)

Wer von uns kennt nicht den jugendlichen Eifer, der in einem Rausch von Tatendrang der „alten Garde" zeigen will, wie man die Welt besser machen kann? Mose war so einer. Er gehörte zur Prominenz Ägyptens: Adoptivsohn des Pharaos, Fürst von Ägypten, in den Palästen des mächtigsten Despoten der Welt zu Hause. Sein Anliegen war berechtigt. Er sah das Leiden seines Volkes, wollte helfen, meinte zu wissen, wie es ging (2Mo 2). Schließlich beging er einen Mord, ergriff die Flucht und endete als Schafhüter in der Siedlung eines Wüstenstammes mitten im Niemandsland. Ein dramatischer Sinkflug.

Die Phase in Moses Leben, die auf diesen Sinkflug folgt, ist die entscheidende. Lahmgelegt im Abseits, weit weg von Familie und Freunden, froh, nach seiner Straftat mit dem Leben davongekommen zu sein: Welch besserer Ort , um zu lernen, dass Gott, und nicht er, Mose, diese Geschichte lenkt? Gott ist nicht auf Mose angewiesen. Er wartet nicht händeringend auf einen

Freiwilligen, der sich endlich zum Dienst meldet. Er ist sehr wohl in der Lage, das, was Menschen verweigern, mit seinem eigenen Arm zu bewirken. Er braucht keinen Mose als Anwalt und Verteidiger. Auch uns braucht er nicht.

Das Bewusstsein, dass wir aus uns heraus zu nichts fähig sind, dass in unserem sündhaften Herzen kein gutes Ding zu finden ist, das ist der Schlüssel für unser Leben als Christ. Warum tut Gott sich das an, frage ich mich oft, mich in seinen Dienst hineinzunehmen? Mit meinen Blamagen, Fettnäpfchen, meinen tölpelhaften Versuchen, von einem Schöpfer zu zeugen, der in seiner Herrlichkeit und Heiligkeit mit menschlichen Sinnen kaum zu fassen ist?

Geläutert, demütig, vermutlich frei von Ehrgeiz, Eitelkeit und Selbstherrlichkeit: Mose hat seinen Test bestanden – so gründlich, dass es göttliche Überzeugungsarbeit braucht, um ihn wieder in die Gänge zu bringen mit dem Auftrag, Gottes Volk aus Ägypten herauszuführen (2Mo 3). Jetzt hat Mose allerdings das wichtigste Werkzeug, das er für diese monumentale Aufgabe braucht: ein tiefes Bewusstsein seiner völligen Abhängigkeit von Gott.

Darauf folgt eine faszinierende Entwicklung. Alle Kompetenzen, die Mose auf dem mühsamen, gewundenen Weg bis zur Begegnung mit Gott am brennenden Dornbusch gesammelt hat, werden für seinen Auftrag in Einsatz gebracht. Nichts davon war umsonst. Seine Erziehung im Palast: Er kann fließend Ägyptisch, er kann es mit dem Hochadel aufnehmen. Jahrelang hat er als hartgesottener Landwirt in der Wüste gelebt, er kennt die Wetterkapriolen in- und auswendig wie auch die Gefahren einer Existenz in dieser unwirtlichen Umgebung. Optimaler konnte eine Vorbereitung für den Durchzug durch die Wüste Sinai nicht sein. Er hat Schafe gehütet, gelernt, Verantwortung für eine Herde lebendiger Wesen zu tragen, die nicht einfach zu führen war, hat vermutlich gute Nerven entwickelt. Er weiß, wie wichtig es ist, innerlich in Habachtstellung vor Feinden zu leben, die jederzeit aus dem Hinterhalt angreifen könnten.

Gott hat alles bis ins kleinste Detail durchdacht. Gott braucht uns Menschen nicht. Er könnte es selbst viel besser machen. Aber er will uns – so unbegreiflich das auch ist! Wir müssen nicht versuchen, die Welt zu beeindrucken und zu überzeugen. Wir dürfen staunen, Gott lieben und anbeten und mit allem, was wir sind und haben, ihm zu Diensten stehen!

21
Der Himmel berührt die Erde

„Gott hat zwei Wohnsitze:
im Himmel und bei denen,
die ein zerbrochenes Herz haben.“

„Lasst uns hingehen nach Bethlehem und diese Sache sehen, die geschehen ist und die der Herr uns kundgetan hat. Und sie kamen eilend ... Und alle, die es hörten, wunderten sich über das, was ihnen von den Hirten gesagt wurde. ... Und die Hirten kehrten zurück, priesen und lobten Gott für alles, was sie gehört und gesehen hatten ...“ (Lk 2,15-20)

Eine pechschwarze Nacht, eine Gruppe wettergegerbter Hirten mitten in einem Alltag, der alles andere als einfach war. Fern von zu Hause, den Wetterkapriolen einer wüsten Landschaft ausgesetzt, auf der Lauer vor Angriffen von wilden Tieren, innerlich in permanenter Habachtstellung. An Schlaf war vermutlich nicht zu denken. Todmüde müssen diese Männer gewesen sein.

Ausgerechnet dort auf jenem abgelegenen Hügel in Judäa platzt ein Stück Himmel „live“ in die dichte Finsternis hinein. Der Schleier zwischen Zeit und Ewigkeit wird für ein paar dramatische Momente zur Seite gezogen, und ein Panorama von blendend strahlenden Engelgestalten breitet sich vor dem Firmament aus, mit Klängen, deren außerirdische Schönheit die menschliche Seele kaum verkraftet. Die Hirten werden in einen Schockzustand versetzt. *„Sie fürchteten sich sehr.“*

Ob sie ahnen, dass sie gerade Zeugen des größten Weltereignisses aller Zeiten werden? Dass Gottes Augen die Erde durchwandert haben und ausgerechnet auf ihnen zur Ruhe gekommen sind, unwichtigen Durchschnittsnummern an einem der unbedeutendsten Flecken dieses Erdkreises? Warum erscheinen die Engel nicht dort, wo die geistlichen Fachleute ihren Sitz haben und es sich zeitlebens zur Aufgabe machen, sich mit solchen Sachen wie dem Kommen des Messias zu beschäftigen? Jedes Detail dieser Begebenheiten trägt die Handschrift Gottes. Diejenigen, die ihn wirklich gesucht haben, erkennen diese Handschrift wieder. Es sind nur wenige in dieser Zeit der geistlichen Trägheit und des knallharten Zynismus: der betagte Simeon, der in den Gesichtszügen eines neugeborenen Säuglings den Retter der Welt erkennt. Maria, die ihr schweres Schicksal mit den Worten *„Es geschehe mir nach deinem Wort"* in die Hände Gottes legt. Josef, der die Nachricht des Engels glaubt, dass die Schwangerschaft seiner Verlobten übernatürlich gewirkt ist.

Hinterhöfe ohne Namen, Schild oder Nummer: Das sind Gottes Wirkungsstätten. Dort, wo demütige Herzen keine Gefahr laufen, sein Kommen zu eigenen Zwecken zu instrumentalisieren und eigene Vorteile in der Geschichte zu suchen.

Es waren schon immer die kindlichen Herzen, die die Geheimnisse des Reiches Gottes verstehen, die Armen im Geist, die Gott sehen (Mt 5). Gott hat zwei Wohnsitze: im Himmel und bei denen, die ein zerbrochenes Herz haben (Jes 57,15). Die Demütigen, nicht die Selbstsicheren, werden von ihm gesegnet und erhöht.

„Lasst uns hingehen ... Und sie kamen eilend ... Und alle, die es hörten, wunderten sich ... Und die Hirten kehrten zurück, priesen und lobten Gott."

In diesen Zeilen ist nichts mehr von Müdigkeit zu spüren. Eine Erweckungsstimmung macht sich breit, von der wir in unseren modernen Gemeinden nur träumen können! Ohne Arbeits- oder Vorbereitungskreise, ohne Lobpreisband, Bühne oder die mühsame Suche nach Freiwilligen. Einfache Arbeiter vom Lande haben Engelsstimmen im Ohr. Brennende Herzen haben den Messias erkannt und können ihre Freude nicht für sich behalten. Das ist Öffentlichkeitsarbeit pur!

Auch wir wollen mit den Hirten zusammen „eilend kommen", nicht nur in der Adventszeit, um dem Messias zu begegnen – mit Lobliedern auf den Lippen, mit Herzen, die so sehr für ihn und für das Evangelium brennen, dass wir die Nachricht nicht für uns behalten können!

22

Ist die Predigt des Wortes Gottes heute „out“?

„Suchende und Hungrige sollen jeden Grund haben, nächsten Sonntag wiederzukommen, weil sie das Wort Gottes als Speise erlebt haben!“

Das Manna, das vom Himmel fiel, war eine Sensation. Am Anfang zumindest. Das Volk Gottes stürzte sich auf die leckere himmlische Speise – süß wie Honig, weich wie Ölkuchen. Es konnte in verschiedenen Varianten zubereitet und aufgetischt werden und enthielt alles, was der Körper an Nährstoffen brauchte. Für die rauen Witterungen eines lang andauernden Aufenthalts in der Wüste perfekt geeignet.

Wir spulen ein paar Jahrzehnte vor. Verdrossen und übellaunig schlägt dasselbe Volk nun andere Töne an. Das Manna sei langweilig (4Mo 11,6ff.): *„Wer wird uns Fleisch zu essen geben? Nun ist unsere Seele matt, denn wir sehen nichts als das Manna!"* Man staune: Sie träumen von den Melonen und Kürbissen Ägyptens, von der guten alten Zeit im Frondienst des Pharaos. Bitterkeit hat die Gewohnheit, Fakten zu verzerren und eine eigene Geschichte zu erfinden, um Feindbilder abzusichern und Schuld von sich zu weisen.

Der Fluch der Gewohnheit, das Übel der Vertrautheit. Die gefährlichste Zeit im Leben eines Christen ist nicht der Anfang, sondern es sind die späteren Jahre. Nicht der Eifer der ersten Stunden, sondern die Trägheit der fortgeschrittenen Stunden. Vor exakt diesem Phänomen warnt der Apostel Paulus, als er Timotheus auf eine Zeit vorbereiten will, in der die Christen *„die heilsame Lehre nicht ertragen werden"* und *„die Ohren von der Wahrheit abwenden und sich den Fabeln zukehren"* (2Tim 4,3-4).

Die ungeheiligte Seele ernährt sich von Leckerbissen. Sie sucht instinktiv und unerbittlich nach irgendeiner Sättigung, die das Herz zur Ruhe bringt. Deshalb stochert sie immer nach etwas Neuem. In der Welt sucht sie nach Geld, Macht, Sex. Sobald ein Highlight ausgedient hat, wendet sie sich dem nächsten zu. Wenn die Seele, die sich Gott zuwendet, nicht vom Kreuz Jesu tiefgründig berührt wird und sich vom Wort Gottes ernährt, geschieht das Gleiche, nur eben „auf fromm". So eine Seele sucht nach neuen Lehren, Erkenntnissen, spirituellen Erlebnissen. Es muss immer etwas Neues geliefert werden.

Diese Woche hörte ich kurz in zwei Predigten von Pastoren hinein, die früher klar und bibelzentriert unterwegs gewesen waren. In einer ging es um einen Kinofilm und die Lehren, die wir Christen daraus ziehen können. In einer anderen um eine Reise in den Himmel „im Geist", bei der der Prediger von einem Engel in verschiedene Kammern des Paradieses geführt wurde. In beiden Auftritten war keine einzige Bibelstelle zu hören. Andere Prediger versuchen, ihre Zuhörer sonntags mit kleinen Motivationsreden in die Kirche zu locken. Oder eine Bühnenshow kitzelt die Ohren von Besuchern, die die Bibel uncool finden, unzumutbar, nicht unterhaltsam oder lebensnah genug.

Was ist eigentlich mit dem *„Hammer, der Felsen zerschmettert"* (Jer 23,29)? Mit dem Wort aus seinem Mund, *das „nicht leer ... zurückkehren" wird* (Jes 55,11)? Mit Paulus' Aufforderung *„Das Wort des Christus wohne reichlich in euch"* (Kol 3,16)?

Natürlich lastet eine wichtige Aufgabe auf dem Prediger und der Gemeinde, von der er beauftragt wird, das Wort auch dementsprechend zu verkündigen. Das soll eine hohe Priorität jeder seriösen Gemeinde sein. Der geschickte Lehrer bereitet seinen Lehrstoff sorgfältig vor und präsentiert ihn so, dass er für seine Zuhörer zugänglich ist. Keine blutleere Gähnnummer, sondern relevant für den Alltag der heutigen Jugend, lebendig und ansprechend für Kirchenferne, herausfordernd für langjährige Christen. Es ist ein ehrfurchterregendes Mandat! Suchende und Hungrige sollen jeden Grund haben, nächsten Sonntag wiederzukommen, weil sie das Wort Gottes als Speise erlebt haben und als ein Wort, das nicht *„leer ... zurückkehren wird"* (Jes 55,11).

23

Das Blut an den Türpfosten

> ”Aus einem betretenen ‚Ich müsste/
> sollte nach Gottes Geboten leben‘
> wird ein fröhliches ‚Ich will,
> ich kann nicht anders!‘“

Kurz vor ihrem historischen Auszug aus Ägypten wurden die in Sklaverei gefangenen Israeliten aufgefordert, eine seltsame, aber lebensrettende Aktion durchzuführen, die ihre Befreiung sicher machen würde. Sie mussten das Blut des Lammes, das sie zur Feier des ersten Passahfestes ihrer Geschichte schlachteten, an ihre Türpfosten streichen (2Mo 12,13). Der Engel des Todes, der ein verheerendes Gericht Gottes über den niederträchtigen König Ägyptens und seine ruchlosen Lakaien vollstrecken sollte, würde das Blut an den Türen sehen und alle, die in diesen Häusern um den Festtisch saßen, verschonen. Der Anblick von Blut an der Tür würde reichen, um den Tod abzuwenden.

Es ist manchmal interessant, was *nicht* in der Bibel steht. Der Engel hat nicht zuerst geprüft, ob die Bewohner des Hauses geistlich, gebildet, schlau, begabt, brav, gutaussehend, aufgeklärt oder tugendhaft genug waren, um gerettet zu werden. Der kurze Blick auf das Blut reichte.

Welch einprägsames Bild für die Befreiung, die das wahre Passahlamm, Jesus Christus, Tausende von Jahren später am Kreuz von Golgatha vollbrachte! Makaber für die Seele, die beweisen will, dass sie sich selbst retten kann. Oder meint, Rettung erst gar nicht nötig zu haben. Ein

Befreiungsschlag für die Seele, die weiß, dass sie hoffnungslos verloren ist und sich nur noch auf die Gnade Gottes werfen kann.

Eines steht fest: Diese Botschaft eckt an. Damals wie heute. Einen „*Stein des Anstoßes*" nannte Petrus die Predigt des Kreuzes (1Petr 2,8). Die gefallene Seele hat zu allem Lust, nur nicht dazu, auf Gnade angewiesen zu sein. Nichts erweckt mehr Abscheu in dieser Seele als der Gedanke, dass an einer grausamen Hinrichtungsstätte das Blut des Sohnes Gottes fließen musste, um ihre Schuld zuzudecken. Viel stärker ihr chronischer Drang, sich selbst zu verwirklichen und in Szene zu setzen, groß rauszukommen, Beifall zu ernten, auf die Schulter geklopft zu werden und immer wieder zu hören, wie toll sie ist und dass sogar Gott sie genial findet.

Es gibt nichts Neues an den aktuellen Versuchen in theologischen Kreisen, die Frage der menschlichen Schuld vom Kreuzesgeschehen abzukoppeln und das Erlösungswerk Jesu auf das unglückliche Schicksal eines Mannes zu reduzieren, der sich mit seinem vorbildlichen Lebensstil Feinde machte. Die inbrünstigen Mühen, diese unappetitliche Vorstellung aus dem Bewusstsein der Kirche zu verbannen, sind heute genauso kreativ wie zu jeder anderen Zeit der Menschheitsgeschichte.

Der Weg ist in der Tat schmal, der zur Erlösung führt. Kein Wunder. Ein von Sünde gezeichnetes Leben kann nicht verbessert, therapiert, übertüncht werden. Es muss gekreuzigt werden. Aber dann – und diesen Teil dürfen wir bloß nicht vergessen! – erlebt es jene herrliche Auferstehung, die ein dankbares Herz in begeisterten Lobpreis ausbrechen lässt, dankbare Hände zum Dienen bewegt, eine dankbare Seele dazu befähigt, sich täglich von der Liebe Gottes füllen und verändern zu lassen, ihr „Kreuz auf sich zu nehmen" und dem Meister treu nachzufolgen. Aus einem betretenen „Ich müsste/sollte nach Gottes Geboten leben" wird ein fröhliches „Ich will, ich kann nicht anders!" Das ist die Gewissheit, in der wir leben dürfen: Unsere „Türpfosten" sind mit dem Blut des Lammes bestrichen, jede zerstörerische Macht muss an unseren Häusern vorbeiziehen. Nicht weil *wir* irgendetwas dafür getan haben, sondern weil Christus alles dafür getan hat. Es ist vollbracht!

Über so eine Seele hat Sünde keine bleibende Macht. Das ist der Sieg, mit dem wir in Christus die Welt überwinden.

24

Die neue Kultur der Ungewissheit

” Mit seiner dringlichen Kernbotschaft ‚*Tut Buße und glaubt an das Evangelium*‘ würde Jesus in der heutigen Kirche nicht weit kommen. “

„Aaah, aber man kann das nicht so wörtlich interpretieren."

„Wenn es nur so einfach wäre ..."

„Tja, aber das war damals. Wir leben jetzt in anderen Zeiten."

„Jesus hätte das damals nicht wissen können, man muss mit der Zeit gehen."

„Früher habe ich es auch so eng gesehen. Jetzt bin ich weltoffen geworden."

Zweifeln und Nicht-wissen-Können ist cool geworden. Fragen zu stellen ist „in". Geistliche Nabelschau als Volkssport: die Engstirnigkeit der geistlichen Väter beklagen, Gottes Gemeinheiten bejammern, die „Wir-wissen-es-besser"-Hybris feiern und sich hinterher gegenseitig gratulieren, weil wir alle doch so authentisch sind und es endlich mal geschafft haben, über den Tellerrand zu schauen.

Wer mit einer freudigen Heilsgewissheit daherkommt, kann mit einem mitleidvollen Kopfschütteln rechnen, mit abschätzigen Blicken, die vermitteln wollen: „Hardliner nicht erwünscht." Wer darauf hinweist, dass der Mensch verloren ist und einen Retter braucht, kann gleich die Ausgangstür suchen, gilt schon als bigott, als Pharisäer. Zuversichtlicher Glaube wird als Borniertheit, Überzeugung als rückständig verpönt. Mit seiner dringlichen Kernbotschaft *„Tut Buße und glaubt an das Evangelium"* würde Jesus in der heutigen Kirche nicht weit kommen. „Fanatisch", „fundamentalistisch", „nicht christusähnlich", würden sie schreien. Dass diese Kultur des Zweifels querbeet durch Konfessionen und Kirchen in der westlichen Welt hindurchfegt, ist eine der größten Tragödien der Kirchengeschichte. Vor allem, dass sie ausgerechnet dort Wurzeln schlägt, wo Glaubensväter früherer Generationen für eine Rückkehr zur ungeschmückten Predigt des Wortes einen hohen Preis bezahlt haben.

Sicherlich liegt der Trend teilweise daran, dass wir Christen unseren Glauben nicht immer mit freudiger Gewissheit bezeugt haben. Erlauben wir uns da ein bisschen ehrliche Selbstkritik. Zu oft haben wir Jesus verkündigt mit dem bedrohlichen Stirnrunzeln eines gefürchteten Heeresobersten statt mit der sprudelnden Begeisterung eines Botschafters, der eine gute Nachricht nicht für sich behalten kann. Mit erhobenem Zeigefinger oder mit ermüdender Trägheit statt mit einladender Fröhlichkeit. Wir haben vergessen, dass biblische Überzeugungen nicht in erster Linie mit Ritualen oder Regelkatalogen zu tun haben, sondern mit handfesten Ereignissen, die es zu verkündigen gilt! Mit einem Sieg über Sünde und Tod, der für uns heute genauso spektakulär und lebensverändernd ist wie für die Menschen damals, die Zeugen des auferstandenen Herrn waren. Diese gute Nachricht ist mit nichts zu toppen!

Wir haben es in den entscheidenden Themen nicht mit verschiedenen Auslegungsvarianten der Bibel zu tun, sondern mit der einfachen Frage: Sind diese Dinge passiert oder nicht? Unsere Argumente stehen und fallen mit dem leeren Grab. Wenn Ostern wirklich passiert ist, dann sind die Worte Jesu absolut zuverlässig. Wenn seine Worte zuverlässig sind, dann sind die alten Texte der Thora, aus denen er ständig zitiert, auch zuverlässig. Dann ist Heiligung im Leben seiner Nachfolger kein Zwang, sondern ein freudiges Bedürfnis – alternativlos.

Geistliche Aufbrüche, sowohl in der Bibel als auch in der Kirchengeschichte, geschahen niemals mit Formulierungen wie: „Ich sehe es lockerer", „Es gibt auch andere Sichten dazu", „Man kann es so oder so sehen", „Seht es doch nicht so eng!". Sondern mit Formulierungen wie „Ich weiß, wem ich geglaubt habe", „Ich schäme mich nicht", „Ich weiß, dass mein Erlöser lebt", „Wahrlich, wahrlich", „Wir wissen aber", „Es steht geschrieben", „Er ist wahrhaftig auferstanden", „Amen".

Das ist die Sprache wahrer Erweckung! Fakten, nicht Gefühle. Gewissheit, nicht Meinungen. Überzeugungen, nicht Erlebnisse. In diesem Sinne: Amen und Amen – so sei es!

25
Diese spannenden Details

„Die gefalteten Leinentücher erinnern mich daran, dass der Hohe Priester sein Versöhnungswerk auch für mich vollendet hat."

Alles nur faszinierende „Zufälle“? Oder kleine Details, die die Glaubwürdigkeit und lebensverändernde Kraft biblischer Geschehnisse untermauern? Neulich blieben meine Gedanken am Bericht des Johannes über die Auferstehung Jesu hängen. An drei Stellen weist er auf ein seltsames Detail hin, das ihm beim Blick ins leere Grab auffiel: „*... sieht er die Leinentücher daliegen*“ (Joh 20,5), „*... und ging hinein in die Gruft und sieht die Leinentücher daliegen*“ (20,6), „*... und das Schweißtuch ... nicht zwischen den Leinentüchern liegen, sondern für sich zusammengewickelt an einem besonderen Ort*“ (20,7). Neben diesem Vers schrieb ich im Spaß in meine Bibel: „*Tüchtige Mutter, gut erzogener Sohn, räumt sogar seine Grabtücher sauber auf.*“

Ein Bekannter wies mich darauf hin, dass in diesen Kleinigkeiten viel mehr als nur eine gute Erziehung steckt. Johannes, als Nachwuchs aus einer priesterlichen Familie, kannte sich bestens in den Schriften der Thora aus. Mitten in einer Passage des Alten Testaments, die ich früher gerne übersprungen habe, lesen wir: „*Er [der Priester] soll einen heiligen Leibrock aus Leinen anziehen, und leinene Beinkleider ... mit einem leinenen Gürtel soll er sich umgürten und einen Kopfbund aus Leinen sich umbinden; das sind heilige Kleider*“ (3Mo 16,4). Leinentücher. Sogar viermal.

Es war der jährliche Versöhnungstag im hebräischen Kalender. In ehrfürchtiger und feierlicher Stimmung wurde ein Ziegenbock in die Wüste geschickt, mit Sünde symbolisch beladen, damit er *„... all ihre [der Menschen] Schuld auf sich trägt in ein ödes Land“* (3Mo 16,22).

Was danach kommt, ist spannend: *„Und Aaron soll in das Zelt der Begegnung hineingehen und die Kleider aus Leinen ausziehen, die er anzog, als er in das Heiligtum hineinging, und soll sie dort niederlegen“* (3Mo 16,23). Der Hohe Priester, der stellvertretend für das Volk die Schuld auf dem Rücken eines Ziegenbocks in die Wüste verbannt und das Opferblut weiterer Schlachttiere ins Allerheiligste getragen hat, legt seinen Leinenleibrock und seinen Kopfbund ab und lässt sie im Heiligtum zurück.

Es ist Schaumaterial für den eigentlichen Versöhnungstag, der Hunderte von Jahren später folgen sollte. Nicht irgendein Opfertier, sondern der Hohe Priester selbst, Jesus Christus, wird in die Verbannung geschickt, auf einen Hügel außerhalb der Stadtmauer Jerusalems. Er trägt auf seinen blutigen Schultern die Sünde der Welt und legt nach Vollendung des Opfers seine priesterlichen Leinengewänder sorgfältig nieder.

Er ist *„mit seinem eigenen Blut ein für alle Mal in das Heiligtum hineingegangen und hat uns eine* *ewige Erlösung erworben. Denn wenn das Blut von Böcken und Stieren ... zur Reinheit des Fleisches heiligt, wie viel mehr wird das Blut des Christus, der sich selbst ... als Opfer ohne Fehler Gott dargebracht hat, euer Gewissen reinigen von toten Werken, damit ihr dem lebendigen Gott dient!"* (Hebr 9,12-14).

Solche Bibelstellen sind manchmal so vertraut, dass wir vergessen, welch gewaltige Folgen unser Glaube an dieses Versöhnungswerk Christi für unser Leben hat! Das beklemmende Gefühl der Verdammnis, die dumpfe Angst, schuldbeladen vor Gott zu treten, das Grauen vor dem Tod und vor dem, was danach kommen könnte: Das alles löst sich auf in dem Triumphruf: *„Es ist vollbracht!"* Meine Schuld – für alle Zeit verbannt in die Wüste. Meine Sündhaftigkeit – aufgelöst in seiner Vollkommenheit. Ungehinderter Zutritt in das Allerheiligste Gottes. Ich darf „Abba, Vater" zu dem sagen, der das Universum geschaffen hat.

Und sollte ich daran zweifeln, dann darf ich über die Schulter von Johannes in das offene Grab hineinblicken und die gefalteten Leinentücher sehen, die mich daran erinnern, dass der Hohe Priester sein Versöhnungswerk auch für mich für Zeit und Ewigkeit vollendet hat.

26

Warum die geistlichen „Profis“ nicht immer ein Segen sind

„Gott sucht Nachfolger, die seine Liebe weitergeben, nicht Beamte, die Dienst nach Vorschrift machen.“

Er hatte Erfahrung, war begabt, hatte Bibelseminare besucht und kannte den Ratschluss Gottes so gut, dass er genau wusste, wie der Heilige Geist alles haben wollte. Außerdem hatte er ein Gespür dafür, welche Mitarbeiter „geistlich" gesinnt waren (die, die ihm in allem zustimmten) und welche nicht (die, die ihn ab und zu infrage stellten). Er war der unschlagbare Experte in dem Projekt, das er leitete. Eine beklemmende Atmosphäre hing in jedem Raum, in dem er sich aufhielt. Seine Vorbereitungstreffen waren mühsam, die Bibel wurde kaum aufgeschlagen, und es wurde selten gelacht. Immer weniger neue Mitarbeiter trauten sich in sein Team, und wenn ja, dann blieben sie nicht lang.

Irgendwann warf er das Handtuch mit der Begründung, er habe nicht genug Unterstützung, alle seien gegen ihn, vermutlich neidisch auf seine überragenden Fähigkeiten. Das Projekt würde scheitern, sobald er es nicht mehr leite, meinte er. Er machte es sich zur Aufgabe, die Mitarbeiter anderer Projekte zu begutachten und zu kritisieren. Jemand anderes, der weder erfahren noch übermäßig begabt war, übernahm das brachliegende Projekt. Auf Anhieb meldeten sich neue Mitarbeiter, und der Dienst blühte auf. Dieses Muster wiederholt sich in unzähligen Varianten in christlichen Gemeinschaften landauf, landab.

Warum laufen Dinge oft dann gut, wenn sich die Besserwisser aus dem Staub gemacht haben? Ganz gewiss nicht, weil es falsch ist, solide Kompetenzen und biblische Erkenntnisse zu besitzen, die man im Auftrag des Herrn fleißig einsetzt. Entscheidend ist jedoch, dass diese Kompetenzen vom Kreuz Jesu berührt werden. Sonst mutieren sie zu einer verbohrten „So-muss-es-laufen-und-nicht-anders"-Gesinnung und einer eitlen Besessenheit von dem eigenen Prestige – als „Dienst für den Herrn" verkleidet, versteht sich. Wie oft vergessen wir, dass Menschen nicht in erster Linie durch geordnete Abläufe und unsere Fähigkeiten erbaut werden, sondern durch die Atmosphäre, die wir verbreiten. Gott sucht Nachfolger, die seine Liebe weitergeben, nicht Beamte, die Dienst nach Vorschrift machen. Je mehr eine Gemeinde in die Jahre kommt und ihre anfängliche Frische verliert, desto mehr wird Letzteres zur Gefahr.

In der Bibel finden wir einige Beispiele dafür. Kain, dem die formale Korrektheit seines Opfervorgangs wichtiger ist als Ehrfurcht vor dem Herrn, dem er opfert. Die dreiste Respektlosigkeit seines Umgangs mit Gott ist erschütternd (1Mo 4,8-14). Für König Saul ist das sture Befolgen selbst gemachter Regeln wichtiger als das Wohlergehen seiner erschöpften Kämpfer (1Sam 14,24-46).

Nach und nach wird aus ihm ein ungenießbarer Kontrollfreak. Der neutestamentlichen Marta ist es wichtiger, ihre Haushaltsführung zur Schau zu stellen, als zu den Füßen Jesu zu sitzen (Lk 10,40); für die Pharisäer ist das Gewinnen eines theologischen Wortgefechts wichtiger als die Heilung eines leidenden Menschen (Mk 3,1-6).

Es gibt für jede dieser Begebenheiten ein erfreuliches Gegenbeispiel. Abel, der ein *„besseres Opfer"* vor den Herrn bringt – ein Opfer, das mit einer glaubensstarken Liebe zum Herrn verbunden ist (Hebr 11,4). König David, *„der Mann nach [Gottes] Herzen"* (Apg 13,22), ein König mit gravierenden Defiziten, jedoch bis zu seinem Lebensende besorgt um das Wohlsein seiner Leute (2Sam 24,17), ergriffen von den lebensspendenden Worten des Herrn. Maria, die lieber zu den Füßen Jesu sitzt, als mit ihren Deko- und Kochkünsten zu glänzen. Jesus selbst, dem die Wiederherstellung eines Menschenlebens dringlicher ist als das Einhalten eines peniblen Regelkatalogs, der weit über das hinausgeht, was Gott selbst verordnet hat (Mk 2,27).

Abläufe, Strukturen, Kompetenzen, Äußerlichkeiten? Auf jeden Fall wichtig! Aber immer mit der Frage verknüpft: „Wem diene ich eigentlich? Dem Herrn? Seinen Leuten? Oder mir selbst?"

27

Wie Jesus ein Leben verändert: ein „Vorher-nachher"-Klassiker

" Letztlich zählt doch nur eines: Lieben wir Jesus über alles? "

Petrus, der Mann an der Spitze der Mannschaft, die die Welt auf den Kopf stellen sollte, hätte in einem modernen Schulzeugnis nicht sehr gut abgeschnitten. Zumindest am Anfang seiner Dienstjahre für den Herrn nicht. In Fettnäpfchen zu treten war seine Spezialität. Für feine Manieren waren die Arbeiter aus den Fischereien Galiläas nicht gerade bekannt. Ihre Welt war der Gestank von Seilen, Schleim und Fischgräten, knarrende Bretter im Boot, Witterung, Schürfwunden an den Händen vom Ziehen der Netze, durchwachte Nächte, harte Knochenarbeit. Wie würde ich ihn als Lehrerin bewerten?

„Zeigt sich respektvoll und höflich gegenüber allen Mitmenschen." – Nicht in dem Moment, als er versucht, Jesus am Gang zum Kreuz zu hindern.

„Zeigt sich hilfsbereit in der Gemeinschaft." – Ja, aber ziemlich nach eigenem Gutdünken, so wie es ihm passt. Ein Ohr abgehackt, um einen Gegner auszuschalten? Na ja. Pennt vor sich hin, wenn Jesus seine Unterstützung im Garten Gethsemane braucht? Luft nach oben gibt es auf jeden Fall.

„Befolgt Klassen- und Schulregeln." – Als er mit den anderen Männern im Team unerlaubterweise Körner auf dem reifen Getreidefeld „snackt", sind die religiösen Leiter nicht gerade beeindruckt.

„Geht mit Erfolgen und Misserfolgen angemessen um." – Erfolge überdurchschnittlich gut verkraftet, Misserfolge weniger gut. Mit seinem Verrat an Jesus stürzt er so tief wie kein anderer.

„Folgt den Arbeitsanweisungen eigenständig und sorgsam." – Das kann er. Manchmal diskutierend und strampelnd, aber letztlich begreift er, was von ihm erwartet wird.

Einer entscheidenden Anweisung folgt er ohne Wenn und Aber: *„Folge mir nach."* Ohne zu zögern, lassen er und seine Freunde ihr altes Leben zurück – ihre Fischerboote, ihre Netze und alles Zubehör, das zu ihrem Beruf gehört, und schließen sich Jesus an, um zu lernen, wie man Menschen fischt.

„Sie [Petrus, Johannes und Jakobus] brachten die Boote ans Land und verließen alles und folgten ihm nach." (Lk 5,11)

Ein Posten auf der Liste der Tugenden, die im Schulzeugnis zu bewerten sind, fehlt auf dem Zeugnisblatt. Das ist Jesu Frage an Petrus: *„Liebst* *du mich?*" (Joh 21,15). Petrus' bedingungsloses, dreifaches „Ja" auf diese Frage ist die Grundlage für alles, was folgt. Das raketenartige Wachstum der Urgemeinde, die sensationellen Machterweise Gottes durch die Apostel …

Gerade das können wir von Petrus lernen. Letztlich zählt doch nur eines: Lieben wir Jesus über alles? Das Miteinander mit Jesus hat aus Petrus einen verwandelten Mann gemacht. Vor allem in seinen Briefen bekommen wir das zu spüren.

Der, der in einem entscheidenden Moment das Schwert in die Hand nimmt und einem Diener der Tempelgarde das Ohr abschneidet, schreibt über Jesus: *„Der, geschmäht, nicht wieder schmähte, leidend, nicht drohte, sondern sich dem übergab, der gerecht richtet"* (1Petr 2,21-23).

Der, der immerzu seine Meinung lautstark verkündigt und sich selbst maßlos überschätzt hat, ermahnt seine Glaubensgeschwister: *„Endlich aber seid alle gleichgesinnt, mitleidig, voll brüderlicher Liebe, barmherzig, demütig"* (1Petr 3,8).

Der, der Jesus einmal drängt, den Weg des Kreuzes für den Weg des Erfolges zu tauschen, schreibt an seine Freunde:

„Denn hierzu seid ihr berufen worden; denn auch Christus hat für euch gelitten und euch ein

Beispiel hinterlassen, damit ihr seinen Fußspuren nachfolgt" (1Petr 2,21).

Und er geht letztlich, so die Überlieferung, selbst furchtlos und kompromisslos diesen Weg des Kreuzes.

Petrus' Glaube, anfänglich durchsetzt mit Ehrgeiz und Eigenliebe, verwandelte sich am Vorbild von Christus zu einem Glauben, der ihn bereit machte, den vollen Preis für die Nachfolge Jesu zu bezahlen. Sein Glaube war im wahrsten Sinne des Wortes „alltagstauglich": Weil er für den Himmel lebte, konnte er auf der Erde einen Unterschied machen.

Halten wir uns Vorbilder wie Petrus und viele andere vor Augen, während auch wir unsere Mitmenschen zu einem Glauben einladen, der für den Alltag in dieser Welt taugt!

Quellenverzeichnis

1 *Glaubenslieder* (Dillenburg: Christliche Verlagsgesellschaft, 2015), Nr. 217.

2 *Mission Praise* (London: Marshall Pickering, 1995), Nr. 31.

3 *The Book of Common Prayer* (1928), http://justus.anglican.org/resources/bcp/1928/HC.htm

4 Nicola Vollkommer: *Unter dem Flammenbaum* (Holzgerlingen: SCM, 2013).

Ein weiteres Buch von Nicola Vollkommer

Prüft alles
und behaltet das Gute
Das Buch zur Jahreslosung 2025
Gb., ca. 160 S., 11 × 17 cm
Best.-Nr. 271948
ISBN 978-3-86353-948-1
Erscheint im Herbst 2024

Die Aufforderung des Apostel Paulus „Prüft alles und behaltet das Gute“ ist an Christen gerichtet, die in extremer Bedrängnis leben. Die religiöse Szene ist schon kurz nach der Himmelfahrt Jesu mit exotischen Irrlehren überflutet; die Verfolgung der Nachfolger Jesu nimmt rasant zu. Es herrscht Endzeitstimmung; die Wiederkunft des Herrn wird sehnlichst erwartet. Paulus schreibt seinen Brief im Stil eines Generals, der vor einer gefährlichen Bodenoffensive letzte Direktive an seine Streitkräfte richtet. Die Worte „Prüft alles und behaltet das Gute“ sind einer dieser Befehle, ein Ruf zur Wachsamkeit in ungewissen Zeiten. Wenn dieser Appell damals schon dringlich war, wie viel mehr heute! Was bedeuten diese Worte des Apostels für uns? Auf dieser Spur wollen wir Paulus, unserem Vorbild im Glauben, folgen.

Bücher von anderen Autorinnen

Hillary Morgan Ferrer (Hg.)
Bärenstark
Wie Mütter ihren Kindern helfen, gesellschaftliche Lügen zu durchschauen
Pb., 384 S., 13,5 × 20,5 cm
Best.-Nr. 271836
ISBN 978-3-86353-836-1

Das Problem mit Lügen ist, dass sie oft nicht wie Lügen klingen. Sie scheinen harmlos und sogar vermeintlich richtig. Was soll eine Bärenmama also tun, wenn ihre Kinder die Lügen der Kultur unkritisch aufsaugen?

Dieser Leitfaden für Mütter wird Ihnen helfen, Ihren Kindern beizubringen, wie sie sich eigene biblische Überzeugungen darüber bilden können, was wahr und was falsch ist. Anhand transparenter Lebensgeschichten und klarer, praktischer Anwendungen gibt Ihnen diese Gruppe von Mama-Bären Werkzeuge an die Hand, mit denen Sie sich selbst und Ihre Kinder schulen können.

In diesem Buch werden folgende Strömungen behandelt: Naturalismus, Skeptizismus, Postmoderne, Relativismus, Pluralismus, neue Spiritualität, Feminismus, Progressivismus.

Barbara Hughes
Frau mit Profil
Das biblische Bild der Frau
Pb., 256 S., 13,5 × 20,5 cm
Best.-Nr. 271110
ISBN 978-3-86353-110-2

Veränderung wird im Leben nur durch Beständigkeit erreicht. Dieses Prinzip gilt auch für unseren Glauben. Die Autorin behandelt verschiedene Aspekte des Lebens der Frau und zeigt, wie sie zu einer reifen christlichen Persönlichkeit werden kann. Am Ende jedes Kapitels stehen Fragen für das persönliche Studium oder den Austausch in der Gruppe.